AF542635

Suivant la copie, 1681.
Bibl. de la Comédie Fse.
Fondation A. Rondel.

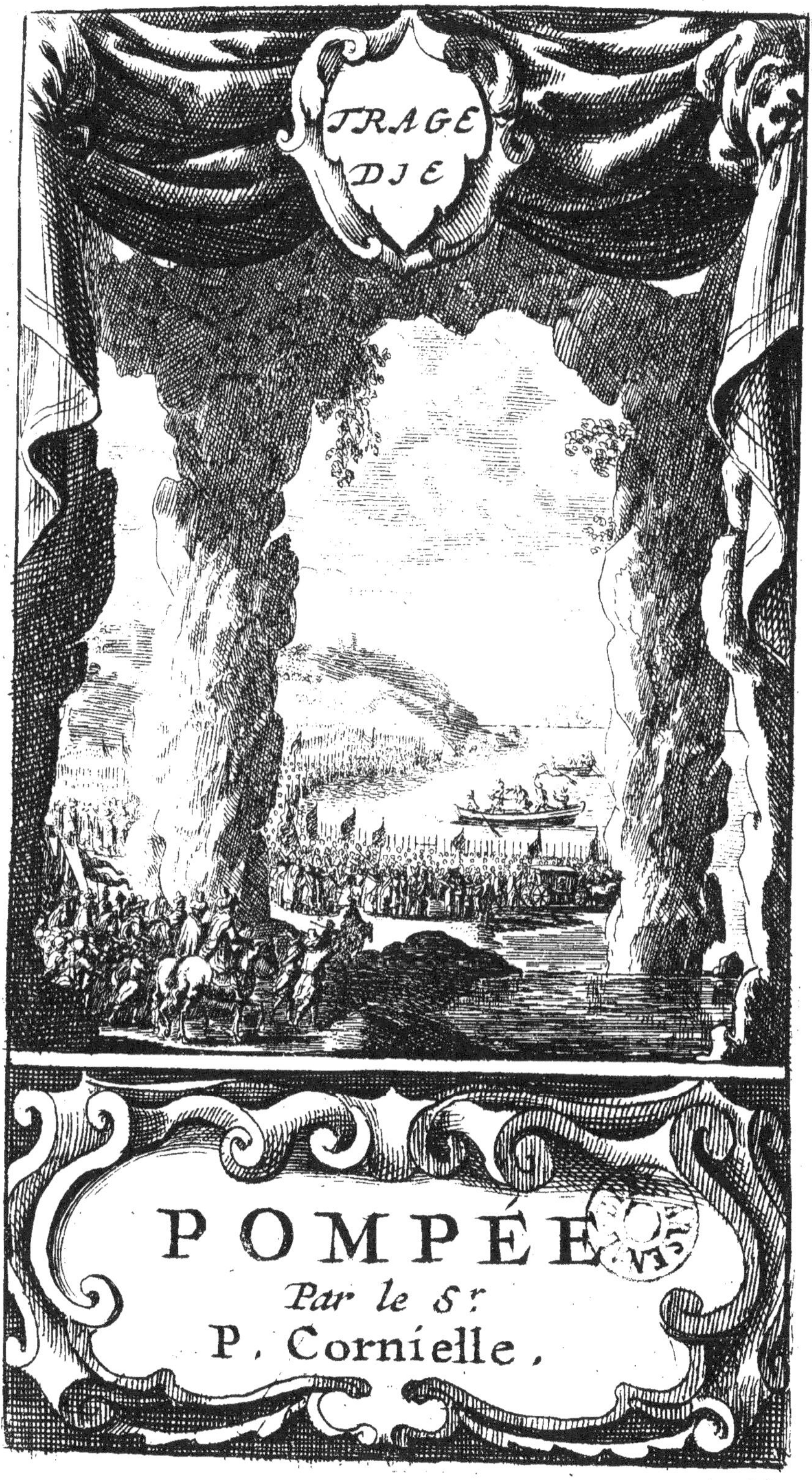
TRAGEDIE
POMPÉE
Par le Sr.
P. Cornielle.

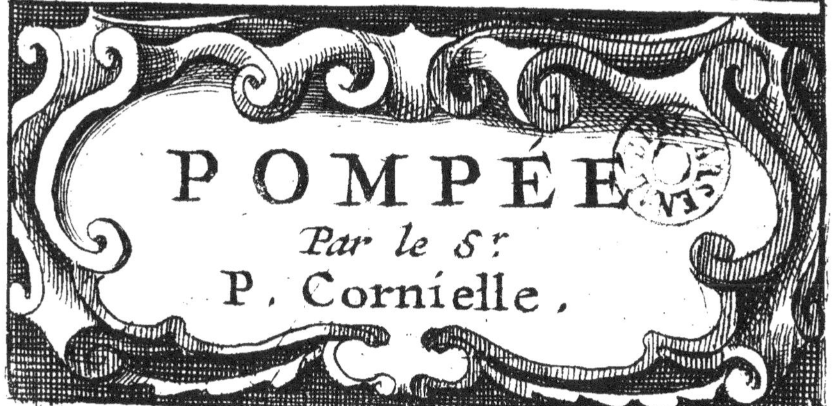

POMPEE,

TRAGEDIE,

PAR

P. CORNEILLE.

Suivant la Copie imprimée

A PARIS.

CIↃ IↃC LXXXI.

ACTEURS.

JULES CESAR.

MARC ANTOINE.

LEPIDE.

CORNELIE, *femme de Pompée.*

PTOLOMEE, *Roy d'Egypte.*

CLEOPATRE, *sœur de Ptolomée.*

PHOTIN, *Chef du Conseil d'Egypte.*

ACHILLAS, *Lieutenant general des Armées du Roy d'Egypte.*

CHARMION, *Dame d'honneur de Cleopatre.*

ACHOREE, *Escuyer de Cleopatre.*

PHILIPPE, *Affranchy de Pompée.*

TROUPE D'EGYPTIENS.

La Scene est en Alexandrie, dans le Palais Royal de Ptolomée.

POMPEE,

TRAGEDIE.

ACTE I.

SCENE PREMIERE.

PTOLOMEE, PHOTIN, ACHILLAS, SEPTIME.

PTOLOMEE.

Le Destin se declare, & nous venons d'entendre
Ce qu'il a resolu du beau-pere & du gendre :
Quand les Dieux estonnez sembloient se partager,
Pharsale a decidé ce qu'ils n'osoient juger.
Ses fleuves teints de sang, & rendus plus rapides
Par le débordement de tant de parricides,
Cet horrible débris d'Aigles, d'armes, de chars,
Sur ses champs empestez confusément épars,
Ces montagnes de morts privez d'honneurs suprémes
Que la Nature force à se vanger eux-mesmes,
Et dont les troncs pourris exhalent dans les vents

Dequoy faire la guerre au reste des vivans,
Sont les titres affreux dont le droit de l'épée
Justifiant Cesar a condamné Pompée.
Ce déplorable Chef du party le meilleur,
Que sa Fortune lasse abandonne au malheur,
Devient un grand exemple, & laisse à la memoire
Des changemens du Sort une esclatante histoire.
Il fuit, luy qui toûjours triomphant & vainqueur
Vit ses prosperitez égaler son grand cœur;
Il fuit, & dans nos ports, dans nos murs, dans nos villes,
Et contre son beau-pere ayant besoin d'aziles,
Sa déroute orgueilleuse en cherche aux mesmes lieux
Où contre les Titans en trouverent les Dieux.
Il croit que ce climat, en dépit de la guerre,
Ayant sauvé le Ciel, sauvera bien la Terre,
Et dans son desespoir à la fin se meslant
Pourra prester l'épaule au Monde chancelant.
Oüy, Pompée avec luy porte le sort du Monde,
Et veut que nostre Egypte en miracles feconde
Serve à sa liberté de sepulchre, ou d'appuy,
Et releve sa cheute, ou trébuche sous luy.
C'est dequoy, mes amis, nous avons à resoudre,
Il apporte en ces lieux les palmes, ou la foudre,
S'il couronne le pere, il hazarde le fils,
Et nous l'ayant donnée il expose Memphis.
Il faut le recevoir, ou hâter son supplice,
Le suivre, ou le pousser dedans le precipice;
L'un me semble peu seur, l'autre peu genereux,
Et je crains d'estre injuste, & d'estre malheureux;
Quoy que je fasse enfin, la Fortune ennemie
M'offre bien des perils, ou beaucoup d'infamie
C'est à moy de choisir, c'est à vous d'aviser
A quel choix vos conseils me doivent disposer,
Il s'agit de Pompée, & nous aurons la gloire
D'achever de Cesar, ou troubler la victoire,
Et je puis dire enfin que jamais Potentat

N'eut

N'eut à deliberer d'un si grand coup d'Estat.

PHOTIN.

Sire, quand par le fer les choses sont vuidées,
La Justice & le Droit sont de vaines idées,
Et qui veut estre juste en de telles saisons
Balance le pouvoir, & non pas les raisons.
Voyez donc vostre force, & regardez Pompée,
Sa fortune abatuë, & sa valeur trompée.
Cesar n'est pas le seul qu'il fuie en cet estat,
Il fuit, & le reproche, & les yeux du Senat,
Dont plus de la moitié piteusement étale
Une indigne curée aux vautours de Pharsale;
Il fuit Rome perduë, il fuit tous les Romains
A qui par sa défaite il met les fers aux mains;
Il fuit le desespoir des Peuples & des Princes,
Qui vangeroient sur luy le sang de leurs Provinces,
Leurs Estats & d'argent & d'hommes épuisez,
Leurs trônes mis en cendre, & leurs sceptres brisez;
Autheurs des maux de tous, il est à tous en bute,
Et fuit le Monde entier écrasé sous sa cheute.
Le défendrez-vous seul contre tant d'ennemis;
L'espoir de son salut en luy seul estoit mis,
Luy seul pouvoit pour soy, cedez alors qu'il tombe,
Soûtiēdrez-vous un faix sous qui Rome succombe,
Sous qui tout l'Univers se trouve foudroyé,
Sous qui le grand Pompée a luy mesme ployé?
Quand on veut soûtenir ceux que le Sort accable
A force d'estre juste on est souvent coupable,
Et la fidelité qu'on garde imprudemment
Aprés un peu d'éclat traisne un long chatiment,
Trouve un noble revers, dont les coups invincibles
Pour estre glorieux ne sont pas moins sensibles.
Sire, n'attirez point le tonnerre en ces lieux,
Rangez-vous du party des destins, & des Dieux,
Et sans les accuser d'injustice, ou d'outrage,
Puis qu'ils font les heureux, adorez leur ouvrage,
Quels que soient leurs decrets, declarez-vous pour eux,

Et pour leur obeïr perdez le malheureux.
Pressé de toutes parts des coleres Celestes
Il en vient dessus vous faire fondre les restes,
Et sa teste qu'à peine il a pû dérober
Toute preste de choir cherche avec qui tomber,
Sa retraite chez vous en effet n'est qu'un crime,
Elle marque sa haine, & non pas son estime,
Il ne vient que vous perdre en venant prendre port,
Et vous pouvez douter s'il est digne de mort!
Il devoit mieux remplir nos vœux, & nostre atten-
Faire voir sur ses nefs la victoire flotante; (te,
Il n'eust icy trouvé que joye & que festins,
Mais puis qu'il est vaincu, qu'il s'en prenne aux
Destins.
J'en veux à sa disgrace, & non à sa personne,
J'execute à regret ce que le Ciel ordonne
Et du mesme poignard pour Cesar destiné
Je perce en soûpirant son cœur infortuné.
Vous ne pouvez enfin qu'aux dépens de sa teste
Mettre à l'abry la vostre & parer la tempeste.
Laissez nommer sa mort un injuste attentat,
La Justice n'est pas une vertu d'Estat,
Le choix des actions, ou mauvaises, ou bonnes,
Ne fait qu'aneantir la force des Couronnes,
Le droit des Rois consiste à ne rien épargner,
La timide equité détruit l'art de regner,
Quãd on craint d'estre injuste, on a toûjours à crain-
dre.
Et qui veut tout pouvoir doit oser tout enfraindre,
Fuir comme un deshonneur la vertu qui le perd,
Et voler sans scrupule au crime qui le sert.
C'est là mon sentiment, Achillas & Septime
S'attacheront peut-estre à quelqu'autre maxime,
Chacun a son avis, mais quel que soit le leur,
Qui punit le vaincu ne craint point le vainqueur.

ACHILLAS.

Sire, Photin dit vray, mais quoy que de Pompée
Je voye, & la fortune, & la valeur trompée,

Je

Je regarde son sang comme un sang precieux,
Qu'au milieu de Pharsale ont respecté les Dieux.
Non qu'en un coup d'Estat je n'approuve le crime,
Mais s'il n'est necessaire il n'est point legitime.
Et quel besoin icy d'une extréme rigueur?
Qui n'est point au vaincu ne craint point le vainqueur,
Neutre jusqu'à present, vous pouvez l'estre encore,
Vous pouvez adorer Cesar, si l'on l'adore;
Mais quoy que vos encens le traitent d'Immortel,
Cette grande victime est trop pour son Autel,
Et sa teste immolée au Dieu de la victoire
Imprime à vostre nom une tache trop noire;
Ne le pas secourir suffit sans l'opprimer.
En usant de la sorte on ne vous peut blâmer.
Vous luy devez beaucoup, par luy Rome animée
A fait rendre le sceptre au feu Roy Ptolomée;
Mais la reconnoissance & l'hospitalité
Sur les ames des Rois n'ont qu'un droit limité.
Quoy que doive un Monarque, & dûst-il sa couronne
Il doit à ses sujets encor plus qu'à personne,
Et cesse de devoir, quand la debte est d'un rang
A ne point s'acquiter qu'aux dépens de leur sang.
S'il est juste d'ailleurs que tout se considere,
Que hazardoit Pompée en servant vostre pere?
Il se voulut par là faire voir tout-puissant,
Et vit croistre sa gloire en le restablissant.
Il le servit enfin, mais ce fut de la langue,
La bourse de Cesar fit plus que sa harangue,
Sans ses mille talents, Pompée & ses discours
Pour rentrer en Egypte estoient un froid secours.
Qu'il ne vante donc plus ses merites frivoles,
Les effets de Cesar valent bien ses paroles,
Et si c'est un bien-fait qu'il faut rendre aujourd'huy,
Comme il parla pour vous, vous parlerez pour luy.
Ainsi vous le pouvez, & devez reconnoistre,
Le recevoir chez vous c'est recevoir un maistre,
Qui tout vaincu qu'il est bravant le nom de Roy

Dans vos propres Estats vous donneroit la loy.
Fermez-luy dõc vos ports, mais épargnez sa reste,
S'ils le faut toutefois, ma main est toute preste,
Je sçais obeïr, Sire, & je serois jaloux
Qu'autre bras que le mien portast les premiers
coups.

SEPTIME.

Sire, je suis Romain, je connoy l'un & l'autre.
Pompée a besoin d'aide, il vient chercher la vostre,
Vous pouvez, comme maistre absolu de son sort,
Le servir, le chasser, le livrer vif, ou mort:
Des quatre le premier vous seroit trop funeste,
Souffrez donc qu'en deux mots j'examine le reste.
Le chasser, c'est vous faire un puissant ennemy,
Sans obliger par là le vainqueur qu'à demy,
Puisque c'est luy laisser, & sur Mer, & sur Terre,
La suite d'une longue & difficile guerre,
Dont peut-estre tous deux également lassez
Se vangeroient sur vous de tous les maux passez.
Le livrer à Cesar n'est que la mesme chose;
Il luy pardonnera s'il faut qu'il en dispose,
Et s'armant à regret de generosité,
D'une fausse clemence il fera vanité;
Heureux de l'asservir en luy donnant la vie,
Et de plaire par là mesme à Rome asservie,
Cependant que forcé d'épargner son rival,
Aussi-bien que Pompée il vous voudra du mal.
Il faut le delivrer du peril, & du crime,
Asseurer sa puissance, & sauver son estime,
Et du party contraire en ce grand Chef détruit
Prendre sur vous la honte, & luy laisser le fruit.
C'est là mon sentiment, ce doit estre le vostre,
Par là vous gagnez l'un, & ne craignez plus l'autre,
Mais suivant d'Achillas le conseil hazardeux,
Vous n'en gagnez pas-un, & les perdez tous deux.

PTOLOMEE.

N'examinons donc plus la justice des causes,
Et cedons au torrent qui roule toutes choses.

Je passe au plus de voix, & de mon sentiment
Je veux bien avoir part à ce grand changement.
Assez & trop long-temps l'arrogance de Rome
A creu qu'estre Romain c'estoit estre plus qu'hõme,
Abatons sa superbe avec sa liberté,
Dans le sang de Pompée éteignons sa fierté,
Tranchõs l'unique espoir où tãt d'orgueil se fonde,
Et donnons un Tyran à ces Tyrans du Monde,
Secondons le Destin qui les veut mettre aux fers,
Et prestons-luy la main pour vanger l'Univers.
Rome, tu serviras, & ces Rois que tu braves,
Et que ton insolence ose traiter d'esclaves,
Adoreront Cesar avec moins de douleur,
Puisqu'il sera ton maistre aussi-bien que le leur.
Allez donc, Achillas allez avec Septime
Nous immortaliser par cet illustre crime;
Qu'il plaise au Ciel, ou non, laissez-m'en le soucy,
Je croy qu'il veut sa mort puisqu'il l'améne icy.

ACHILLAS.

Sire, je croy tout juste alors qu'un Roy l'ordonne.

PTOLOMEE.

Allez, & hastez-vous d'asseurer ma couronne,
Et vous ressouvenez que je mets en vos mains
Le destin de l'Egypte, & celuy des Romains.

SCENE II.

PTOLOMEE, PHOTIN.

PTOLOMEE.

PHotin, ou je me trompe, ou ma sœur est deceuë,
De l'abord de Pompée elle espere autre issuë;
Sçachant que de mon pere il a le testament,
Elle ne doute point de son couronnement,
Elle se croit desja souveraine maistresse
D'un sceptre partagé que sa bonté luy laisse,
Et se promettant tout de leur vieille amitié,
De mon trône en son ame elle prend la moitié,

Oú de son vain orgueil les cendres rallumées
Poussent desja dans l'air de nouvelles fumées.

PHOTIN.

Sire, c'est un motif que je ne disois pas
Qui devoit de Pompée avancer le trépas.
Sons doute il jugeroit de la sœur, & du frere,
Suivant le testament du feu Roy vostre pere,
Son hoste & son amy, qui l'en daigna saisir,
Jugez aprés cela de vostre déplaisir.
Ce n'est pas que je veüille en vous parlãt cõtre elle
Rompre les sacrez nœuds d'une amour fraternelle,
Du Trône, & non du cœur je la veux éloigner,
Car c'est ne regner pas qu'estre deux à regner.
Un Roy qui s'y resout est mauvais Politique,
Il détruit son pouvoir quand il le communique,
Et les raisons d'Estat.... mais, Sire, la voicy.

SCENE III.

PTOLOMEE, CLEOPATRE, PHOTIN.

CLEOPATRE.

Sire, Pompée arrive, & vous estes icy !

PTOLOMEE.

J'attans dans mon Palais ce guerrier magnanime,
Et luy viens d'envoyer Achillas & Septime.

CLEOPATRE.

Quoy ! Septime à Pompée ! à Pompée Achillas

PTOLOMEE.

Si ce n'est assez d'eux, allez, suivez leurs pas.

CLEOPATRE.

Dõc pour le recevoir c'est trop que de vous-mesme?

PTOLOMEE.

Ma sœur, je dois garder l'honneur du Diadême.

CLEOPATRE.

Si vous en portez un, ne vous en souvenez
Que pour baiser la main de qui vous le tenez,
Que pour en faire hommage aux pieds d'un si grand homme,

PTO-

PTOLOMEE.
Au sortir de Pharsale est-ce ainsi qu'on le nomme?
CLEOPATRE.
Fust-il dans son malheur de tous abandonné,
Il est toûjours Pompée, & vous a couronné.
PTOLOMEE.
Il n'en est plus que l'ombre,& couronna mon pere,
Dont l'Ombre,& non-pas moy,luy doit ce qu'il espere.
Il peut aller, s'il veut, dessus son monument
Recevoir ses devoirs & son remerciment.
CLEOPATRE.
Aprés un tel bien-fait, c'est ainsi qu'on le traite!
PTOLOMEE.
Je m'en souviens, ma sœur, & je voy sa défaite.
CLEOPATRE.
Vous la voyez de vray, mais d'un œil de mépris.
PTOLOMEE.
Le temps de chaque chose ordonne & fait le prix;
Vous qui l'estimez tant,allez luy rendre hommage
Mais songez qu'au port mesme il peut faire naufrage.
CLEOPATRE.
Il peut faire naufrage, & mesme dans le port!
Quoy? vous auriez osé luy preparer la mort?
PTOLOMEE.
J'ay fait ce que les Dieux m'ont inspiré de faire,
Et que pour mon Estat j'ay jugé necessaire.
CLEOPATRE.
Je ne le voy que trop, Photin & ses pareils
Vous ont empoisonné de leurs lâches conseils,
Ces ames que le Ciel ne forma que de bouë....
PHOTIN.
Ce sont de nos conseils,ouy;Madame, & j'avouë...
CLEOPATRE.
Photin,je parle au Roy,vous répondrez pour tous
Quand je m'abaisseray jusqu'à parler à vous.

PTOLOMEE *à Photin.*

Il faut un peu souffrir de cette humeur hautaine.
Je sçay vostre innocence, & je connois sa haine ;
Aprés tout, c'est ma sœur, oyez sans repartir.

CLEOPATRE.

S'il est, Sire, encor temps de vous en repentir,
Affranchissez-vous d'eux, & de leur tyrannie,
Rappellez la vertu par leurs conseils bannie.
Cette haute vertu, dont le Ciel & le sang
Enflent toûjours les cœurs de ceux de nostre rang.

PTOLOMEE.

Quoy ! d'un frivole espoir desja preoccupée
Vous me parlez en Reine en parlant de Pompée,
Et d'un faux zele ainsi vostre orgueil revestu
Fait agir l'interest sous le nom de vertu !
Confessez-le, ma sœur, vous sçauriez vous en taire,
N'estoit le testament du feu Roy nostre pere,
Vous scavez qu'il le garde.

CLEOPATRE

Et vous sçaurez aussi
Que la seule vertu me fait parler ainsi,
Et que si l'interest m'avoit preoccupée,
J'agirois pour Cesar, & non-pas pour Pompée.
Apprenez un secret que je voulois cacher,
Et cessez desormais de me rien reprocher.
Quand ce peuple insolẽt qu'enferme Alexandrie
Fit quitter au feu Roy son Trône & sa Patrie,
Et que jusque dans Rome il alla du Senat
Implorer la pitié contre un tel attentat,
Il nous mena tous deux pour toucher son courage.
Vous assez jeune encor, moy desja dans un âge,
Où ce peu de beauté que m'ont donné les Cieux
D'un assez vif éclat faisoit briller mes yeux.
Cesar en fut épris, & du moins j'eus la gloire
De le voir hautement donner lieu de le croire :
Mais voyant contre luy le Senat irrité
Il fit agir Pompée, & son authorité.
Ce dernier nous servit à sa seule priere,

Que

Qui de leur amitié fut la preuve derniere,
Vous en sçavez l'effet, & vous en joüissez :
Mais pour un tel amant ce ne fut pas assez.
Apres avoir pour nous employé ce grand homme
Qui nous gagna soudain toutes les voix de Rome,
Son amour en voulut seconder les efforts,
Et nous ouvrant son cœur nous ouvrit ses tresors.
Nous eusmes de ses feux encore en leur naissance,
Et les nerfs de la guerre, & ceux de la puissance,
Et les mille talents qui luy sont encor dus
Remirent en nos mains tous nos Estats perdus.
Le Roy qui s'en souvint à son heure fatale
Me laissa comme à vous la dignité Royale,
Et par son testament il vous fit cette loy
Pour me rendre une part de ce qu'il tient de moy,
C'est ainsi qu'ignorant d'où vint ce bon office
Vous appellez faveur ce qui n'est que justice.
Et l'osez accuser d'une aveugle amitié
Quand du tout qu'il me doit il me rend la moitié.

PTOLOMEE.

Certes, ma sœur, le conte est fait avec adresse.

CLEOPATRE.

Cesar viendra bien-tost, & j'en ay lettre expresse,
Et peut-estre aujourd'huy vos yeux seront témoins
De ce que vostre esprit s'imagine le moins.
Ce n'est pas sans sujet que je parlois en Reine,
Je n'ay receu de vous que mépris & que haine,
Et de ma part du Sceptre indigne ravisseur,
Vous m'avez plus traitée en esclave, qu'en sœur;
Mesme pour éviter des effets plus sinistres,
Il m'a falu flater vos insolens Ministres,
Dont j'ay craint jusqu'icy le fer, ou le poison;
Mais Pompée, ou Cesar m'en va faire raison,
Et quoy qu'avec Photin Achillas en ordonne,
Ou l'une, ou l'autre main me rendra ma Couronne:
Cependant mon orgueil vous laisse à démesler
Quel estoit l'interest qui me faisoit parler.

SCENE IV.

PTOLOMEE, PHOTIN.

PTOLOMEE.

QUe dites-vous, amy, de cette ame orgueilleuſe?

PHOTIN.

Sire, cette ſurpriſe eſt pour moy merveilleuſe,
Je n'en ſçay que penſer, & mon cœur étonné
D'un ſecret que jamais il n'auroit ſoupçonné,
Inconſtant & confus dans ſon incertitude,
Ne ſe reſout à rien qu'avec inquietude.

PTOLOMEE.

Sauverons-nous Pompée?

PHOTIN.

Il faudroit faire effort,
Si nous l'avions ſauvé, pour conclure ſa mort.
Cleopatre vous hait, elle eſt fiere, elle eſt belle,
Et ſi l'heureux Ceſar a de l'amour pour elle,
La teſte de Pompée eſt l'unique preſent
Qui vous faſſe contr'elle un rempart ſuffiſant.

PTOLOMEE.

Ce dangereux eſprit a beaucoup d'artifice.

PHOTIN.

Son artifice eſt peu contre un ſi grand ſervice.

PTOLOMEE.

Mais ſi tout grand qu'il eſt, il cede à ſes appas?

PHOTIN.

Il la faudra flater, mais ne m'en croyez pas,
Et pour mieux empeſcher qu'elle ne vous opprime,
Conſultez-en encor Achillas & Septime.

PTOLOMEE

Allons donc les voir faire, & montons à la Tour,
Et nous en reſoudrons enſemble à leur retour.

Fin du premier Acte.

ACTE

ACTE II.

SCENE PREMIERE.

CLEOPATRE, CHARMION.

CLEOPATRE.

JE l'aime, mais l'éclat d'une si belle flame
Quelque brillant qu'il soit n'ébloüit point mon ame,
Et toûjours ma vertu retrace dans mon cœur
Ce qu'il doit au vaincu, brûlant pour le vainqueur.
Aussi qui l'ose aimer porte une ame trop haute,
Pour souffrir seulement le soupçon d'une faute;
Et je le traiterois avec indignité,
Si j'aspirois à luy par une lâcheté.

CARMION.

Quoy! vous aimez Cesar, & si vous estiez creuë,
L'Egypte pour Pompée armeroit à sa veuë,
En prendroit la défense, & par un prompt secours
Du destin de Pharsale arresteroit le cours!
L'Amour certes sur vous a bien peu de puissance.

CLEOPATRE.

Les Princes ont cela de leur haute naissance.
Leur ame dans leur sang prend des impressions
Qui dessous leur vertu rangent leurs passions,
Leur generosité soûmet tout à leur gloire,
Tout est illustre en eux quand ils daignēt se croire,
Et si le Peuple y voit quelques déreglemens,
C'est quād l'avis d'autruy corrōpt leurs sentimens.
Ce malheur, de Pompée acheve la ruïne,
Le Roy l'eust secouru, mais Photin l'assassine,
Il croit cette ame basse, & se montre sans foy,
Mais s'il croyoit la sienne, il agiroit en Roy.

CHAR-

CHARMION.

Ainsi donc de Cesar l'amante, & l'ennemie...

CLEOPATRE.

Je luy garde une flame exempte d'infamie,
Un cœur digne de luy.

CHARMION.

Vous possedez le sien?

CLEOPATRE.

Je croy le posseder.

CHARMION.

Mais le sçavez-vous bien?

CLEOPATRE.

Apprens qu'une Princesse aimant sa renommée
Jamais ne dit qu'elle aime à moins que d'estre aimée,
Et que les plus beaux feux dõt son cœur soit épris,
N'oseroient l'exposer aux hontes d'un mépris.
Nostre sejour à Rome enflama son courage,
Là j'eus de son amour le premier témoignage,
Et depuis jusqu'icy chaque jour ses couriers
M'apportent en tribut ses vœux & ses lauriers.
Par tout, en Italie, aux Gaules, en Espagne,
La Fortune le suit, & l'Amour l'accompagne;
Son bras ne dompte point de Peuples, ny de lieux,
Dont il ne rende hommage au pouvoir de mes yeux,
Et de la mesme main dont il quitte l'épée
Fumante encor du sang des amis de Pompée,
Il trace des soûpirs, & d'un stile plaintif
Dans son champ de victoire il se dit mon captif.
Oûy, tout victorieux il m'écrit de Pharsale,
Et si sa diligence à ses feux est égale,
Ou plûtost si la Mer ne s'oppose à ses feux,
L'Egypte le va voir me presenter ses vœux.
Il vient, ma Charmion, jusques dans nos murailles
Chercher auprés de moy le prix de ses batailles,
M'offrir toute sa gloire, & soûmettre à mes loix
Ce cœur, & cette main qui commandent aux Rois,

Et ma rigueur meslée aux faveurs de la guerre
Feroit un malheureux du maistre de la Terre?

CHARMION.

J'oserois bien jurer que vos divins appas
Se vantent d'un pouvoir dont ils n'useront pas,
Et que le grand Cesar n'a rien qui l'importune
Si vos seules rigueurs ont droit sur sa fortune.
Mais quelle est vostre attēte, & que pretēdez-vous
Puisque d'une autre femme il est desja l'époux,
Et qu'avec Calphurnie un paisible Hymenée
Par des liens sacrez tient son ame enchaisnée?

CLEOPATRE.

Le Divorce aujourd'huy si commun aux Romains
Peut rendre en ma faveur tous ces obstacles vains:
Cesar en sçait l'usage & la ceremonie,
Un divorce chez luy fit place à Calphurnie.

CHARMION.

Par cette mesme voye il pourra vous quitter.

CLEOPATRE.

Peut-estre mon bonheur sçaura mieux l'arrester
Peut-estre mon amour aura quelque avantage
Qui sçaura mieux pour moy mesnager son courage.
Mais laissons au hazard ce qui peut arriver,
Achevons cet Hymen, s'il se peut achever,
Ne durast-il qu'un jour, ma gloire est sans seconde
D'estre du moins un jour la maistresse du Monde.
J'ay de l'ambition, & soit vice, ou vertu,
Mon cœur sous son fardeau veut bien estre abatu,
J'en ayme la chaleur, & la nomme sans cesse
La seule passion digne d'une Princesse.
Mais je veux que la gloire anime ses ardeurs,
Qu'elle mene sans honte au faiste des grandeurs,
Et je la desavouë, alors que sa manie
Nous presente le Trône avec ignominie.
Ne t'étonne donc plus, Charmion, de me voir
Défendre encor Pompée, & suivre mon devoir.
Ne pouvant rien de plus pour sa vertu seduite,
Dans mon ame en secret je l'exhorte à la fuite,

Et

Et voudrois qu'un orage écartant ses vaisseaux
Malgré luy l'enlevast aux mains de ses bourreaux.
Mais voicy de retour le fidelle Achorée
Par qui j'en apprendray la nouvelle asseurée.

SCENE II.

CLEOPATRE, ACHOREE, CHARMION.

CLEOPATRE.

EN est-ce desja fait, & nos bords malheureux
Sont-ils desja soüillez d'un sang si genereux?

ACHORE.

Madame, j'ay couru par vostre ordre au rivage,
J'ay veu la trahison, j'ay veu toute sa rage,
Du plus grand des Mortels j'ay veu trancher le sort,
J'ay veu dans son malheur la gloire de sa mort,
Et puisque vous voulez qu'icy je vous raconte
La gloire d'une mort qui nous couvre de honte,
Escoutez, admirez, & plaignez son trépas.
Ses trois vaisseaux en rade avoient mis voile bas,
Et voyant dans le port preparer nos galeres,
Il croyoit que le Roy touché de ses miseres,
Par un beau sentiment d'honneur & de devoir
Avec toute sa Cour le venoit recevoir.
Mais voyant que ce Prince ingrat à ses merites
N'envoyoit qu'un esquif remply de satellites,
Il soupçonne aussi-tost son manquement de foy,
Et se laisse surprendre à quelque peu d'effroy.
Enfin voyant nos bords & nostre Flote en armes,
Il condamne en son cœur ces indignes alarmes,
Et reduit tous les soins d'un si pressant ennuy
A ne hazarder pas Cornelie avec luy.
N'exposons, luy dit-il, *que cette seule teste,*
A la reception que l'Egypte m'apreste,
Et tandis que moy seul j'en courray le danger,

Son-

Songe à prendre la fuite afin de me vanger.
Le Roy Juba nous garde une foy plus sincere :
Chez luy tu trouveras, & mes fils, & ton pere,
Mais quand tu les verrois descendre chez Pluton,
Ne desespere point du vivant de Caton.
Tandis que leur amour en cet Adieu conteste,
Achillas à son bord joint son esquif funeste,
Septime se presente, & luy tendant la main
Le saluë Empereur en langage Romain,
Et comme deputé de ce jeune Monarque,
Passez Seigneur, dit-il, *passez dans cette barque,*
Les sables & les bancs cachez dessous les eaux
Rendent l'accez mal seur à de plus grand vaisseaux,
Ce Heros voit la fourbe, & s'en moçque dans l'ame,
Il reçoit les Adieux des siens, & de sa femme,
Leur défend de le suivre, & s'avance au trépas
Avec le mesme front qu'il donnoit les Estats.
La mesme Majesté sur son visage emprainte
Entre ces assassins montre un esprit sans crainte,
Sa vertu toute entiere à la mort le conduit;
Son affranchy Philippe est le seul qui le suit,
C'est de luy que j'ay sçeu ce qui je viens de dire,
Mes yeux ont veu le reste,& mon cœur en soûpire,
Et croit que Cesar mesme à de si grand malheurs
Ne pourra refuser des soûpirs, & des pleurs.

CLEOPATRE.

N'épargnez pas les miens, achevez, Achorée,
L'histoire d'une mort que j'ay déja pleurée.

ACHOREE.

On l'améne, & du port nous le voyons venir
Sans que pas-un d'enr'eux daigne l'entretenir.
Ce mépris luy fait voir ce qu'il en doit attendre,
Enfin l'esquif aborde, on l'invite à descendre,
Il se leve, & soudain pour signal Achillas
Derriere ce Heros tirant son coutelas,
Septime & trois des siens, lâches enfans de Rome,
Percent à coups pressez les flancs de ce grand homme,

Tan-

Tandis qu'Achillas mesme épouvanté d'horreur
De ces quatre enragez admire la fureur.

CLEOPATRE

Vous qui livrez la Terre aux discordes civiles,
Si vous vangez sa mort, Dieux, épargnez nos villes,
N'imputez rien aux lieux, reconnoissez les mains,
Le crime de l'Egypte est fait par des Romains.
Mais que fait & que dit ce genereux courage?

ACHOREE.

D'un des pans de sa robbe il couvre son visage,
A son mauvais destin en aveugle obeït,
Et dédaigne de voir le Ciel qui le trahit,
De peur qu'il ne semblast contre une telle offence
Implorer d'un coup d'œil son aide & sa vangeance.
Aucun gemissement à son cœur échapé
Ne le montre en mourant digne d'estre frapé,
Immobile à leurs coups, en luy-mesme il rappelle
Ce qu'eut de beau sa vie, & ce qu'on dira d'elle,
Et tient la trahison que le Roy leur prescrit
Trop au dessous de luy pour y prester l'esprit.
Sa vertu dans leur crime augmente ainsi son lustre,
Et son dernier soûpir est un soûpir illustre,
Qui de cette grande ame achevant les destins
Estale tout Pompée aux yeux des assassins.
Sa teste sur les bords de la barque panchée
Par le traistre Septime indignement tranchée,
Passe au bout d'une lance en la main d'Achillas
Ainsi qu'un grand trophée aprés de grãds combats.
Et pour combler enfin sa tragique avanture,
On donne à ce Heros la Mer pour sepulture,
Et le tronc sous les flots roule doresnavant
Au gré de la Fortune & de l'Onde & du Vent.
La triste Cornelie, à cet affreux spectacle,
Par de longs cris aigus tasche d'y mettre obstacle,
Defend ce cher espoux de la voix & des yeux,
Puis n'esperant plus rien, leve les mains aux Cieux,
Et cedant tout à coup à la douleur plus forte
Tombe dans sa galere évanoûye, ou morte.

Les ſiens en ce deſaſtre à force de ramer
L'éloignent de la rive, & regagnent la Mer,
Mais ſa fuite eſt mal ſeure, & l'infame Septime
Qui ſe voit dérober la moitié de ſon crime,
Afin de l'achever, prend ſix vaiſſeaux au port,
Et pourſuit ſur les eaux Pompée aprés ſa mort.
Cependant Achillas porte au Roy ſa conqueſte,
Tout le peuple tremblant en détourne la teſte,
Un effroy general offre à l'un ſous ſes pas
Des abyſmes ouverts pour vanger ce trépas,
L'autre entend le tonnerre, & chacun ſe figure
Un deſordre ſoudain de toute la Nature,
Tant l'excez du forfait troublant leurs jugemens
Preſente à leur terreur l'excez des châtimens.
Philippe d'autre part montrant ſur le rivage
Dans une ame ſervile un genereux courage,
Examine d'un œil & d'un ſoin curieux
Où les vagues rendront ce dépoſt precieux,
Pour luy rendre, s'il peut, ce qu'aux morts on doit rendre,
Dans quelque urne chetive en ramaſſer la cendre,
Et d'un peu de pouſſiere élever un tombeau
A celuy qui du Monde eut le ſort le plus beau.
Mais comme vers l'Afrique on pourſuit Cornelie,
On voit d'ailleurs Ceſar venir de Theſſalie,
Une Flote paroiſt qu'on a peine à conter...

CLEOPATRE

C'eſt luy-meſme Achorée, il n'en faut point douter.
Tremblez, tremblez, méchans, voicy venir la foudre,
Cleopatre a dequoy vous mettre tous en poudre,
Ceſar vient, elle eſt Reine, & Pompée eſt vangé,
La tyrannie eſt bas, & le Sort eſt changé.
Admirons cependant le deſtin des grands hommes,
Plaignons-les, & par eux jugeons ce que nous ſommes.
Ce Prince d'un Senat maiſtre de l'Univers,
De qui l'heur ſembloit eſtre au deſſus du revers,

Luy que sa Rome a veu plus craint que le tonnerre,
Triompher en trois fois des trois parts de la Terre,
Et qui voyant encor en ces derniers hazards
L'un & l'autre Consul suivre ses étendarts,
Si-tost que d'un malheur sa fortune est suivie,
Les Monstres de l'Egypte ordonnent de sa vie ;
On voit un Achillas, un Septime, un Photin,
Arbitres souverains d'un si noble destin ;
Un Roy qui de ses mains a receu la Couronne
A ces pestes de Cour lâchement l'abandonne :
Ainsi finit Pompée, & peut-estre qu'un jour
Cesar éprouvera mesme sort à son tour.
Rendez l'augure faux, Dieux, qui voyez mes larmes,
Et secondez par tout, & mes vœux, & ses armes.

CHARMION.

Madame, le Roy vient qui pourra vous oüir.

SCENE III.

PTOLOMEE, CLEOPATRE, CHARMION.

PTOLOMEE.

SCavez-vous le bon-heur dont nous allons joüir,
Ma sœur ?

CLEOPATRE.

Oüy, je le sçay le grand Cesar arrive,
Sous les loix de Photin je ne suis plus captive.

PTOLOMEE.

Vous haïssez toûjours ce fidelle Sujet.

CLEOPATRE.

Non, mais en liberté je ris de son projet.

PTOLOMEE.

Quel projet faisoit-il dont vous pûssiez vous plaindre ?

CLEOPATRE.

J'en ay souffert beaucoup, & j'avois plus à craindre.

Un

Un si grand Politique est capable de tout,
Et vous donnez les mains à tout ce qu'il resout.

PTOLOMEE.

Si je suy ses conseils, j'en connoy la prudence.

CLEOPATRE.

Si j'en crains les effets, j'en voy la violence.

PTOLOMEE.

Pour le bien de l'Estat tout est juste en un Roy.

CLEOPATRE.

Ce genre de justice est à craindre pour moy;
Aprés ma part du Sceptre à ce titre usurpée,
Il en couste la vie & la teste à Pompée,

PTOLOMEE.

Jamais un coup d'Estat ne fut mieux entrepris,
Le voulant secourir, Cesar nous eust surpris,
Vous voyez sa vistesse, & l'Egypte troublée
Avant qu'estre en défense en seroit accablée,
Mais je puis maintenant à cet heureux vainqueur
Offrir en seureté mon trône, & vostre cœur.

CLEOPATRE.

Je feray mes presens, n'ayez soin que des vostres,
Et dans vos interests n'en confõdez point d'autres.

PTOLOMEE.

Les vostres sont les miens, estant de mesme sang.

CLEOPATRE.

Vous pouvez dire encore estant de mesme rang,
Estant Rois l'un & l'autre & toutefois je pense
Que nos deux interests ont quelque difference.

PTOLOMEE.

Oüy, ma sœur, car l'Estat dont mon cœur est content
Sur quelquès bords du Nil à grand peine s'étend:
Mais Cesar à vos loix soûmettant son courage,
Vous va faire regner sur le Gange, & le Tage.

CLEOPATRE

J'ay de l'ambition, mais je la sçay regler,
Elle peut m'éblouir, & non pas m'aveugler;

Ne parlons point icy du Tage, ny du Gange,
Je connois ma portée, & ne prens point le change.

PTOLOMEE.

L'occasion vous rit, & vous en userez.

CLEOPATRE.

Si je n'en use bien, vous m'en accuserez.

PTOLOMEE.

J'en espere beaucoup veu l'amour qui l'engage,

CLEOPATRE.

Vous la craignez peut-estre encore davantage;
Mais quelque occasion qui me rie aujourd'huy,
N'ayez aucune peur, je ne veux rien d'autruy,
Je ne garde pour vous ny haine, ny colere,
Et je suis bonne sœur, si vous n'estes bon frere.

PTOLOMEE.

Vous montrez cependant un peu bien du mépris.

CLEOPATRE.

Le temps de chaque chose ordonne, & fait le prix.

PTOLOMEE.

Vostre façon d'agir le fait assez connoistre.

CLEOPATRE.

Le grand Cesar arrive, & vous avez un maistre.

PTOLOMEE.

Il l'est de tout le Monde, & je l'ay fait le mien.

CLEOPATRE.

Allez luy rendre hommage, & j'attendray le sien,
Allez, ce n'est pas trop pour luy que de vous-mesme
Je garderay pour vous l'honneur du Diadéme.
Photin vous vient aider à le bien recevoir,
Consultez avec luy quel est vostre devoir.

SCENE VI.

PTOLOMEE, PHOTIN.

PTOLOMEE.

J'Ay suivy tes conseils, mais plus je l'ay flatée,
Et plus dans l'insolence elle s'est emportée,

Si

Si bien qu'enfin outré de tant d'indignitez,
Je m'allois emporter dans les extremitez ;
Mon bras dont les mépris forçoient la retenuë
N'eust plus consideré Cesar, ny sa venuë,
Et l'eust mise en estat malgré tout son appuy
De se plaindre à Pompée auparavant qu'à luy.
L'arrogante, à l'oüir, elle est déja ma Reine,
Et si Cesar en croit son orgueil, & sa haine,
Si, comme elle s'en vante, elle est son cher objet,
De son frere & son Roy, je deviens son Sujet.
Non non, prevenons-la, c'est foiblesse d'attendre
Le mal qu'on voit venir sans pouvoir s'en défēdre
Ostons-luy les moyens de nous plus dédaigner,
Ostons-luy les moyens de plaire, & de regner,
Et ne permettons pas qu'apres tant de bravades
Mon sceptre soit le prix d'une de ses œillades.

PHOTIN.

Sire, ne donnez point de pretexte à Cesar
Pour attacher l'Egypte aux pompes de son char.
Ce cœur ambitieux qui par toute la Terre
Ne cherche qu'à porter l'esclavage & la guerre,
Enflé de sa victoire & des ressentimens
Qu'une perte pareille imprime aux vrais amans,
Quoy que vous ne rēdiez que justice à vous mesme,
Prendroit l'occasion de vanger ce qu'il aime,
Et pour s'assujettir, & vos Estats, & vous,
Imputeroit à crime un si juste couroux.

PTOLOMEE.

Si Cleopatre vit, s'il la voit elle est Reine.

PHOTIN.

Si Cleopatre meurt, vostre perte est certaine.

PTOLOMEE.

Je perdray qui me perd ne pouvant me sauver.

PHOTIN.

Pour la perdre avec joye il faut vous conserver.

PTOLOMEE.

Quoy ? pour voir sur sa teste éclater ma couronne ?
Sceptre, s'il faut enfin que ma main t'abandonne,

Passe, passe plûtost en celle du vainqueur.

PHOTIN.

Vous l'arracherez mieux de celle d'un sœur,
Quelques feux que d'abord il luy fasse paroistre,
Il partira bien-tost, & vous serez le maistre.
L'Amour à ses pareils ne donne point d'ardeur
Qui ne cede aisement aux soins de leur grandeur:
Il voit encor l'Afrique & l'Espagne occupées
Par Juba, Scipion, & les jeunes Pompées,
Et le Monde à ses loix n'est point assujetty,
Tant qu'il verra durer ces restes du party.
Au sortir de Pharsale un si grand Capitaine
Sçauroit mal son mestier. s'il laissoit prẽdre haleine,
Et s'il donnoit loisir à des cœurs si hardis
De relever du coup dont ils sont estourdis.
S'il les vainc, s'il parvient où son desir aspire,
Il faut qu'il aille à Rome establir son empire,
Joüir de sa fortune, & de son attentat,
Et changer à son gré la forme de l'Estat:
Jugez durant ce temps ce que vous pourrez faire,
Sire, voyez Cesar, forcez-vous à luy plaire,
Et luy déferant tout, veüillez vous souvenir
Que les evenemens regleront l'avenir.
Remettez en ses mains, Trône, Sceptre, Couronne,
Et sans en murmurer souffrez qu'il en ordonne.
Il en croira sans doute ordonner justement
En suivant du feu Roy l'ordre & le testament;
L'importance d'ailleurs de ce dernier service
Ne permet pas d'en craindre une entiere injustice:
Quoy qu'il en fasse enfin, feignez d'y consentir,
Loüez son jugement & laissez-le partir.
Aprés, quand nous verrõs le temps propre aux vangeances,
Nous aurons & la force, & les intelligences:
Jusques-là reprimez ces transports violens,
Qu'excitent d'une sœur les mépris insolens;
Les bravades enfin sont des discours frivoles,
Et qui songe aux effets neglige les paroles.

PTOLOMEE.

Ah ! tu me rends la vie & le sceptre à la fois,
Un sage Conseiller est le bonheur des Rois.
Cher appuy de mon trône, allons, sans plus attendre
Offrir tout à Cesar afin de tout reprendre,
Avec toute ma Flote allons le recevoir,
Et par ces vains honneurs seduire son pouvoir.

Fin du second Acte.

ACTE III.

SCENE PREMIERE.

CHARMION, ACHOREE.

CHARMION.

OUy, tandis que le Roy va luy-mesme en personne
Jusqu'aux pieds de Cesar prosterner sa couronne,
Cleopatre s'enferme en son apartement,
Et sans s'en émouvoir attend son compliment.
Comment nommerez-vous une humeur si hautaine ?

ACHOREE.

Un orgueil noble & juste, & digne d'une Reine,
Qui soûtient avec cœur & magnanimité
L'honneur de sa naissance, & de sa dignité.
Luy pourray-je parler ?

CHARMION.

Non, mais elle m'envoye
Sçavoir à cet abord ce qu'on a veu de joye,
Ce qu'à ce beau present Cesar a témoigné,
S'il a paru content, ou s'il l'a dédaigné,
S'il traite avec douceur, s'il traite avec empire,
Ce qu'à nos assassins enfin il a pû dire.

ACHOREE.

La teste de Pompée a produit des effets
Dont ils n'ont pas sujet d'estre fort satisfais
Je ne sçay si Cesar prendroit plaisir à feindre,
Mais pour eux jusqu'icy je trouve lieu de craindre ;
S'ils aimoient Polomée, ils l ont fort mal servy.
Vous l'avez veu partir, & moy je l'ay suivy.
Ses vaisseaux en bon ordre ont éloigné la ville,
Et pour joindre Cesar n'ont avancé qu'un mille,
Il venoit à plein voile, & si dans les hazards
Il éprouva toûjours pleine faveur de Mars,

Sa

Sa Flote qu'à l'envy favorisoit Neptune
Avoit le vent en poupe ainsi que sa fortune.
Dés le premier abord nostre Prince étonné
Ne s'est plus souvenu de son front couronné,
Sa frayeur a paru sous sa fausse allegresse,
Toutes ses actions ont senty la bassesse,
J'én ay rougy moy-mesme, & me suis plaint à moy
De voir là Ptolomée, & n'y voir point de Roy,
Et Cesar qui lisoit sa peur sur son visage
Le flatoit par pitié pour luy donner courage.
Luy d'une voix tombante offrant ce don fatal,
Seigneur, vous n'avez plus, luy dit-il *de Rival*,
Ce que n'ont pû les Dieux dans nostre Thessalie,
Je vay mettre en vos mains Pompée & Cornelie,
En voicy desja l'un. & pour l'autre elle fuit,
Mais avec six vaisseaux un des miens la poursuit
A ces mots Achillas découvre cette teste,
Il semble qu'à parler encor elle s'apreste.
Qu'à ce nouvel affront un reste de chaleur
En sanglots mal formez exhale sa douleur,
Sa bouche encore ouverte & sa veuë égarée
Rappellent sa grande ame à peine separée,
Et son couroux mourant fait un dernier effort
Pour reprocher aux Dieux sa défaite & sa mort.
Cesar à cet aspect comme frapé du foudre,
Et comme ne sçachant que croire, ou que resoudre,
Immobile, & les yeux sur l'objet attachez,
Nous tient assez long-temps ses sentimens cachez;
Et je dirai, si j'ose en faire conjecture,
Que par un mouvement commun à la Nature,
Quelque maligne joye en son cœur s'élevoit,
Dont sa gloire indignée à peine la sauvoit.
L'aise de voir la Terre à son pouvoir soûmise
Chatoûilloit malgré luy son ame avec surprise,
Et de cette douceur son esprit combatu
Avec un peu d'effort rasseuroit sa vertu.
S'il aime sa grandeur, il hait la perfidie
Il se juge en autruy, se taste, s'étudie,

Examine en secret sa joye, & ses douleurs,
Les balance, choisit, laisse couler des pleurs,
Et forçant sa vertu d'estre encor la maistresse,
Se montre genereux par un trait de foiblesse.
En suite il fait oster ce present de ses yeux,
Leve les mains ensemble & les regards aux Cieux,
Lasche deux ou trois mots contre cette insolence,
Puis tout triste & pensif ils s'obstine au silence,
Et mesme à ses Romains ne daigne repartir
Que d'un regard farouche, & d'un profond soûpir.
Enfin ayant pris terre avec trente Cohortes,
Il se saisit du port, il se saisit des portes,
Met des Gardes par tout, & des ordres secrets,
Fait voir sa défiance ainsi que ses regrets,
Parle d'Egypte en maistre, & de son adversaire
Non plus comme ennemy, mais comme son beau-
pere.
Voilà ce que j'ay veu.

CHARMION.

Voilà ce qu'attendoit,
Ce qu'au juste Osiris la Reine demandoit.
Je vay bien la ravir avec cette nouvelle,
Vous, continuez luy ce service fidelle.

ACHOREE,

Qu'elle n'en doute point. Mais Cesar vient, allez,
Peignez-luy bien nos gens pâles & desolez,
Et moy, soit que l'issuë en soit douce, ou feneste,
J'iray l'entretenir quand j'auray veu le reste.

SCE-

SCENE II.

CESAR, PTOLOMEE, LEPIDE, PHOTIN, ACHOREE, *Soldats Romains, Soldats Egiptiens.*

PTOLOMEE.

Seigneur montez au trône, & commandez icy.

CESAR.

Connoissez-vous Cesar de luy parler ainsi?
Que m'offriroit de pis la Fortune ennemie
A moy qui tiens le trône égal à l'infamie?
Certes Rome à ce coup pourroit bien se vanter
D'avoir eu juste lieu de me persecuter.
Elle qui d'un mesme œil les donne, & les dédaigne,
Qui ne voit rien aux Rois qu'elle aime, ou qu'elle craigne,
Et qui verse en nos cœurs avec l'ame, & le sang,
Et la haine du nom, & le mépris du rang.
C'est ce que de Pompée il vous faloit apprendre,
S'il en eust aimé l'offre, il eust sçeu s'en défendre,
Et le trône & le Roy se seroient ennoblis
A soûtenir la main qui les a restablis.
Vous eussiez pû tomber, mais tout couvert de gloire
Vostre cheute eust valu la plus haute victoire,
Et si vostre destin n'eust pû vous en sauver,
Cesar eust pris plaisir à vous en relever.
Vous n'avez pû former une si noble envie;
Mais quel droit aviez-vous sur cette illustre vie?
Que vous devoit son sang pour y tremper vos mains,
Vous qui devez respect au moindre des Romains?
Ay-je vaincu pour vous dãs les champs de Pharsale?
Et par une victoire aux vaincus trop fatale,
Vous ay-je acquis sur eux en ce dernier effort
La puissance absoluë, & de vie, & de mort?

Moy qui n'ay jamais pû la souffrir à Pompée,
La souffriray-je en vous sur luy-mesme usurpée,
Et que de mon bonheur vous ayez abusé
Jusqu'à plus attenter que je n'aurois osé ?
De quel nom apres tout pésez-vous que je nomme
Ce coup où vous tranchez du souverain de Rome,
Et qui sur un seul Chef luy fait bien plus d'affront,
Que sur tant de milliers ne fit le Roy de Pont ?
Pensez-vous que j'ignore, ou que je dissimule
Que vous n'auriez pas eu pour moy plus de scrupule,
Et que s'il m'eust vaincu, vostre esprit complaisant
Luy faisoit de ma teste un semblable present ?
Graces à ma victoire, on me rend des hommages
Où ma fuite eust receu toutes sortes d'outrages,
Au vainqueur, non à moy, vous faites tout l'honneur,
Si Cesar en joüit, ce n'est que par bonheur.
Amitié dangereuse, & redoutable zele,
Que regle la Fortune, & qui tourne avec elle.
Mais parlez, c'est trop estre interdit & confus.

PTOLOMEE.

Je le suis, il est vray, si jamais je le fus,
Et vous mesme avoûrez que j'ay sujet de l'estre.
Estant né Souverain, je vois icy mon maistre,
Icy dis-je, où ma Cour tremble en me regardent,
Où je n'ay point encor agy qu'en commandant,
Je vois une autre Cour, sous une autre puissance,
Et ne puis plus agir qu'avec obeïssance.
De vostre seul aspect je me suis veu surpris,
Jugez si vos discours r'asseurent mes esprits,
Jugez par quels moyens je puis sortir d'un trouble
Que forme le respect, que la crainte redouble,
Et ce que vous peut dire un Prince épouvanté
De voir tant de colere, & tant de majesté.
Dans ces étonnemens dont mon ame est frapée
De rencontrer en vous le vangeur de Pompée,
Il me souvient pourtant que s'il fut nostre appuy,
Nous vous deûmes deslors autant & plus qu'à luy,

Vo-

Vostre faveur pour nous éclata la premiere,
Tout ce qu'il fit aprés fut à vostre priere :
Il émeut le Senat pour des Rois outragez
Que sans cette priere il auroit negligez.
Mais de ce grand Senat les saintes ordonnances
Eussent peu fait pour nous, Seigneur, sans vos finances,
Par là de nos mutins le feu Roy vint à bout,
Et pour en bien parler, nous vous devons le tout.
Nous avons honoré vostre amy, vostre gendre,
Jusqu'à ce qu'à vous-mesme il ait osé se prendre :
Mais voyant son pouvoir de vos succez jaloux
Passer en tyrannie, & s'armer contre vous....

CESAR.

Tout-beau, que vostre haine en son sang assouvie
N'aille point à sa gloire, il suffit de sa vie,
N'avancez rien icy que Rome ose nier,
Et justifiez-vous sans le calomnier.

PTOLOMEE.

Je laisse donc aux Dieux à juger ses pensées,
Et diray seulement qu'en vos guerres passées,
Où vous fustes forcé par tant d'indignitez,
Tous nos vœux ont esté pour vos prosperitez :
Que comme il vous traitoit en mortel adversaire,
J'ay crû sa mort pour vous un malheur necessaire,
Et que sa haine injuste augmentant tous les jours
Jusque dans les Enfers chercheroit du secours,
Ou qu'enfin, s'il tomboit dessous vostre puissance,
Il nous falloit pour vous craindre vostre clemence,
Et que le sentiment d'un cœur trop genereux
Usant mal de vos droits vous rendist malheureux.
J'ai donc consideré qu'en ce peril extrême
Nous vous devions, Seigneur, servir malgré vous mesme,
Et sans attendre d'ordre en cette occasion,
Mon zele ardent l'a prise à ma confusion.
Vous m'en desavoüez, vous l'imputez à crime,
Mais pour servir Cesar rien n'est illegitime,

J'en ay soüillé mes mains pour vous en preserver,
Vous pouvez en joüir, & le desaprouver,
Et j'ay plus fait pour vous, plus l'action est noire,
Puisque c'est d'autant plus vous immoler ma gloire
Et que ce sacrifice offert par mon devoir
Vous asseure la vostre avec vostre pouvoir.

CESAR.

Vostre lâche attentat cherche avec trop de ruses
De mauvaises couleurs & de froides excuses.
Vostre zele estoit faux si seul il redoutoit
Ce que le Monde entier à pleins vœux souhaitoit,
Et s'il vous a donné ces craintes trop subtiles,
Qui m'ostent tout le fruit de nos guerres civiles,
Où l'honneur seul m'engage, & que pour terminer,
Je ne veux que celuy de vaincre, & pardonner;
Où mes plus dangereux & plus grands adversaires,
Si-tost qu'ils sont vaincus, ne sont plus que mes freres,
Et mon ambition ne va qu'à les forcer,
Ayant domté leur haine, à vivre, & m'embrasser.
O combien d'allegresse une si triste guerre
Auroit-elle laissé dessus toute la Terre,
Si l'on voyoit marcher dessus un mesme char
Vainqueurs de leur discorde, & Pompée, & Cesar,
Voilà ces grāds malheurs que craignoit vostre zele.
O crainte ridicule autant que criminelle!
Vous craigniez ma clemēce, ah! n'ayez plus ce soin,
Souhaitez-la plûtost, vous en avez besoin,
Si je n'avois égard qu'aux loix de la Justice,
Je m'appaiserois Rome avec vostre supplice,
Sans que ny vos respects, ny vostre repentir,
Ny vostre dignité vous pussent garantir,
Vostre trône luy-mesme en seroit le Theatre:
Mais voulant épargner le sang de Cleopatre,
J'impute à vos flateurs toute la trahison,
Et je veux voir comment vous m'en ferez raison;
Suivant les sentimens dont vous serez capable
Je sçauray vous tenir innocent, ou coupable.

Cependant à Pompée élevez des Autels,
Rendez-luy les honneurs qu'on rend aux Immortels,
Par un prompt ſacrifice expiez tous vos crimes,
Et ſur tout penſez bien aux choix de vos victimes.
Allez y donner ordre, & me laiſſez icy
Entretenir les miens ſur quelque autre ſoucy.

SCENE III.

CESAR, ANTOINE, LEPIDE.

CESAR.

ANtoine, avez-vous veu cette Reine adorable?

ANTOINE.

Oüy, Seigneur, je l'ay veuë, elle eſt incomparable,
Le Ciel n'a point encor par de ſi doux accords
Uny tant de vertus aux graces d'un beau corps,
Une majeſté douce épand ſur ſon viſage
Dequoy s'aſſujettir le plus noble courage,
Ses yeux ſçavent ravir, ſon diſcours ſçait charmer,
Et ſi j'eſtois Ceſar je la voudrois aimer.

CESAR.

Comme a-t-elle receu les offres de ma flame?

ANTOINE.

Comme n'oſant la croire, & la croyant dans l'ame;
Par un refus modeſte, & fait pour inviter,
Elle s'en dit indigne, & la croit meriter.

CESAR.

En pourray-je eſtre aimé?

ANTOINE.

Douter qu'elle vous aime,
Elle qui de vous ſeul attend ſon Diadéme,
Qui n'eſpere qu'en vous! douter de ſes ardeurs,
Vous qui la pouvez mettre au faiſte des grandeurs:
Que voſtre amour ſans crainte à ſon amour pretẽde,
Au vainqueur de Pompée il faut que tout ſe rende,
Et vous l'éprouverez. Elle craint toutefois

L'ordinaire mépris que Rome fait des Rois,
Et sur tout elle craint l'amour de Calphurnie :
Mais l'une & l'autre crainte à vostre aspect bannie,
Vous ferez succeder un espoir assez doux,
Lors que vous daignerez luy dire un mot pour vous.

CESAR.

Allons donc l'affranchir de ces frivoles craintes,
Luy montrer de mon cœur les sensible atteintes,
Allons, ne tardons plus.

ANTOINE

Avant que de la voir
Sçachez que Cornelie est en vostre pouvoir;
Septime vous l'amene orgueilleux de son crime,
Et pense auprés de vous se mettre en haute estime.
Si-tost qu'ils ont pris port, vos Chefs par vous instruits
Sans leur rien témoigner les ont icy conduits.

CESAR.

Qu'elle entre. Ah, l'importune & facheuse nouvelle!
Qu'à mon impatience elle semble cruelle!
O Ciel! & ne pourray-je enfin à mon amour
Donner en liberté ce qui reste du jour?

SCENE IV.

CESAR, CORNELIE, ANTOINE, LEPIDE, SEPTIME.

SEPTIME.

SEigneur....

CESAR.

Allez, Septime, allez vers vostre maistre,
Cesar ne peut souffrir la presence d'un traistre,
D'un Romain lâche assez pour servir sous un Roy,
Aprés avoir servy sous Pompée, & sous moy.

Septime rentre.

CORNELIE.

Cesar, car le Destin que dans tes fers je brave
Me fait ta prisonniere, & nos pas ton esclave,
Et tu ne pretens pas qu'il m'abate le cœur
Jusqu'à te rendre hommage, & te nõmer Seigneur:
De quelque rude trait qu'il m'ose avoir frapée,
Veuve du jeune Crasse, & veuve de Pompée,
Fille de Scipion, & pour dire encor plus,
Romaine, mon courage est encor au dessus,
Et de tous les assauts que sa rigueur me livre,
Rien ne me fait rougir que la honte de vivre.
J'ay veu mourir Pompée, & ne l'ay pas suivy,
Et bien que le moyen m'en ait esté ravy,
Qu'une pitié cruelle à mes douleurs profondes
M'ait osté le secours, & du fer, & des ondes,
Je dois rougir pourtant apres un tel malheur
De n'avoir pû mourir d'un excez de douleur.
Ma mort estoit ma gloire, & le Destin m'en prive,
Pour croistre mes malheurs, & me voir ta captive:
Je dois bien toutefois rendre graces aux Dieux,
De ce qu'en arrivant je te trouve en ces lieux,
Que Cesar y commande, & non pas Ptolomée.
Helas! & sous quel astre, ô Ciel, m'as-tu formée,
Si je leur dois des vœux de ce qu'ils ont permis
Que je rencontre icy mes plus grands ennemis,
Et tombe entre leurs mains, plutost qu'aux mains d'une Prince
Qui doit à mon époux son trône & sa Province.
Cesar, de ta victoire écoute moins le bruit,
Elle n'est que l'effet du malheur qui me suit,
Je l'ay porté pour dot chez Pompée & chez Crasse,
Deux fois du Monde entier j'ay causé la disgrace,
Deux fois de mon Hymen le nœud mal assorty
A chassé tous les Dieux du plus juste party.
Heureuse en mes malheurs si ce triste Hymenée
Pour le bonheur de Rome à Cesar m'eust donnée,

Et si j'eusse avec moy porté dans ta maison
D'un astre envenimé l'invincible poison.
Car enfin n'attens pas que j'abaisse ma haine,
Je te l'ay desja dit, Cesar, je suis Romaine,
Et quoy qne ta captive, un cœur comme le mien
De peur de s'oublier ne te demande rien.
Ordonne, & sans vouloir qu'il tremble, ou s'humilie,
Souviens-toy seulement que je suis Cornelie.

CESAR.

O d'un illustre époux noble & digne moitié,
Dont le courage étonne, & le sort fait pitié!
Certes vos sentimens font assez reconnoistre
Qui vous donna la main, & qui vous donna l'estre,
Et l'on juge aisément au cœur que vous portez
Oú vous estes entrée, & de qui vous sortez.
L'ame du jeune Crasse, & celle de Pompée,
L'une & l'autre vertu pat le malheur trompée,
Le sang des Scipions protecteur de nos Dieux,
Parlent par vostre bouche,& brillent dans vos yeux,
Et Rome dans ses murs ne voit point de famille,
Qui soit plus honorée, ou de femme, ou de fille.
Pleust au grand Jupiter,pleust à ces mesmes Dieux,
Qu'Annibal eust bravez jadis sons vos ayeux,
Que ce Heros si cher dont le Ciel vous separe
N'eust pas si mal connu la Cour d'un Roy Barbare,
Ny mieux aimé tenter une incertaine foy,
Que la vieille amitié qu'il eust trouvée en moy!
Q'il eust voulu souffrir qu'un bōheur de mes armes
Eust vaincu ses soupçons, dissipé ses alarmes,
Et qu'enfin m'attendant, sans plus se défier,
Il m'eust donné moyen de me justifier.
Alors foulant aux pieds la Discorde, & l'Envie;
Je l'eusse conjuré de se donner la vie,
D'oublier ma victoire, & d'aimer un rival
Heureux d'avoir vaincu pour vivre son égal.
J'eusse alors regagné son ame satisfaite,
Jusqu'à luy faire aux Dieux pardonner sa défaite,

Il euſt fait à ſon tour, en me rendant ſon cœur,
Que Rome euſt pardonné la victoire au vainqueur.
Mais puiſque par ſa perte à jamais ſans ſeconde
Le ſort a dérobé cette allegreſſe au Monde,
Ceſar s'efforcera de s'acquiter vers vous
De ce qu'il voudroit rendre à cet illuſtre époux.
Prenez donc en ces lieux liberté toute entiere,
Seulement pour deux jours ſoyez ma priſonniere,
Afin d'eſtre témoin comme aprés nos debats
Je cheris ſa memoire, & vange ſon trépas,
Et de pouvoir apprendre à toute l'Italie
De quel orgueil nouveau m'enfle la Theſſalie.
Je vous laiſſe à vous-meſme, & vous quitte un moment.
Choiſiſſez-luy, Lepide, un digne apartement,
Et qu'on l'honore icy, mais en Dame Romaine,
C'eſt à dire un peu plus qu'on n'honore la Reine,
Commandez, & chacun aura ſoin d'obeïr.

CORNELIE.

O Ciel! que de vertu vous me faites haïr.

Fin du troiſieſme Acte.

ACTE

ACTE IV.

SCENE PREMIERE.

PTOLOMEE, ACHILLAS, PHOTIN.

PTOLOMEE.

QUoy ! de la mesme main & de la mesme épée
Dont il vient d'immoler le malheureux Pompée,
Septime par Cesar indignement chassé,
Dans un tel desespoir à vos yeux a passé ?

ACHILLAS.

Il est mort, & mourant, Sire, il vous doit aprendre
La honte qu'il prévient, & qu'il vous faut attendre.
Jugez quel est Cesar à ce couroux si lent.
Un moment pousse & rompt un transport violent,
Mais l'indignation qu'on prend avec étude
Augmẽte avec le temps, & porte un coup plus rude.
Ainsi n'esperez pas de le voir moderé,
Par adresse il se fâche apres s'estre asseuré,
Sa puissance établie, il a soin de sa gloire,
Il poursuivoit Pompée, & cherit sa memoire,
Et veut tirer à soy par un couroux accort
L'honneur de sa vangeance, & le fruit de sa mort.

PTOLOMEE

Ah ! si je t'avois crû je n'aurois pas de maistre,
Je serois dans le trône où le Ciel m'a fait naistre ;
Mais c'est une imprudence assez cõmune aux Rois,
D'écouter trop d'avis & se tromper au choix.
Le Destin les aveugle au bord du precipice,
Ou si quelque lumiere en leur ame se glisse,
Cette fausse clarté, dont il les ébloüit,
Les plonge dans un gouffre, & puis s'évanoüit.

PHO-

PHOTIN.

J'ay mal connu Cesar, mais puisqu'en son estime
Un si rare service est un enorme crime,
Sire, il porte en son flanc dequoy nous en laver,
C'est là qu'est nostre grace, il nous l'y faut trouver.
Je ne vous parle plus de souffrir sans murmure,
D'attendre son depart pour vanger cette injure,
Je sçay mieux conformer les remedes au mal;
Justifions sur luy la mort de son rival,
Et nostre main alors également trempée,
Et du sang de Cesar, & du sang de Pompée,
Rome, sans leur donner de tiltres differens,
Se croira par vous seul libre de deux Tyrans.

PTOLOMEE.

Oüy, par là seulement ma perte est évitable,
C'est trop craindre un Tyran que j'ay fait redoutable,
Montrons que sa fortune est l'œuvre de nos mains,
Deux fois en mesme jour disposons des Romains,
Faisons leur liberté comme leur esclavage.
Cesar, que tes exploits n'enflent plus ton courage,
Considere les miens, tes yeux en sont témoins,
Pompée estoit mortel, & tu ne l'es pas moins,
Il pouvoit plus que toy, tu luy portois envie,
Tu n'as, non plus que luy, qu'une ame, & qu'une vie,
Et son sort que tu plains te doit faire penser
Que ton cœur est sensible & qu'on peut le percer.
Tonne, tonne à ton gré, fais peur de ta justice,
C'est à moy d'appaiser Rome par ton supplice,
C'est à moy de punir ta cruelle douceur,
Qui n'épargne en un Roy que le sang de sa sœur.
Je n'abandonne plus ma vie, & ma puissance,
Au hazard de sa haine, ou de ton inconstance;
Ne croy pas que jamais tu puisses à ce prix
Recompenser sa flame, ou punir ses mépris.
J'emploîray contre toy de plus nobles maximes,
Tu m'as prescrit tantost de choisir de victimes,
De bien penser au choix; j'obeïs, & je voy
Que je n'en puis choisir de plus dignes que toy,

Ny dont le sang offert, la fumée, & la cendre
Puissent mieux satisfaire aux Manes de ton gendre.
Mais ce n'est pas assez, amis, de s'irriter,
Il faut voir quels moyens on a d'executer,
Toute cette chaleur est peut-estre inutile,
Les soldats du Tyran sont maistres de la ville,
Que pouvons-nous contr'eux, & pour les prevenir
Quel temps devons-nous prendre, & quel ordre tenir,

ACHILLAS.

Nous pouvons beaucoup, Sire, en l'estat où nous sommes,
A deux milles d'icy vous avez six mille hommes,
Que depuis quelques jours craignãt des remûmens
Je faisois tenir prests à tous evenemens.
Quelques soins qu'ait Cesar, sa prudence est deceuë,
Cette ville a sous terre une secrette issuë,
Par où fort aisément on les peut cette nuit
Jusques dans le Palais introduire sans bruit:
Car contre sa fortune aller à force ouverte,
Ce seroit trop courir vous-mesme à vostre perte;
Il nous le faut surprendre au milieu du festin,
Enyvré des douceurs de l'Amour, & du vin.
Tout le Peuple est pour nous, tantost à son entrée
J'ay remarqué l'horreur que ce Peuple a montrée,
Lors qu'avec tant de fast il a veu ses faisceaux.
Marcher arrogamment, & braver nos drapeaux.
Au spectacle insolent de ce pompeux outrage,
Ses farouches regards étinceloient de rage,
Je voyois sa fureur à peine se domter,
Et pour peu qu'on le pousse, il est prest d'éclater
Mais sur tout, les Romains que cõmandoit Septime,
Pressez de la terreur que sa mort leur imprime,
Ne cherchent qu'à vanger par un coup genereux
Le mépris qu'en leur Chef ce superbe a fait d'eux.

PTOLOMEE.

Mais qui pourra de nous approcher sa personne,
Si durant le festin sa Garde l'environne?

PHO-

PHOTIN.

Les gens de Cornelie, entre qui vos Romains
Ont desja reconnu des freres, des germains,
Dont l'âpre déplaisir leur a laissé paroistre
Une soif d'immoler leur Tyran à leur maistre.
Ils ont donné parole, & peuvent mieux que nous
Dans les flancs de Cesar porter les premiers coups;
Son faux art de clemence, ou plûtost sa foiie,
Qui pense gagner Rome en flatant Cornelie,
Leur donnera sans doute un assez libre accez,
Pour de ce grand dessein asseurer le succez.
 Mais voicy Cleopatre, agissez avec feinte,
Sire, & ne luy montrez que foiblesse, & que crainte,
Nous allons vous quitter, comme objets odieux,
Dont l'aspect importun offenceroit ses yeux.

PTOLOMEE.

Allez, je vous rejoins.

SCENE II.

PTOLOMEE, CLEOPATRE, CHARMION, ACHOREE.

CLEOPATRE.

J'Ay veu Cesar, mon frere,
Et de tout mon pouvoir combatu sa colere.

PTOLOMEE.

Vous estes genereuse, & j'avois attendu
Cet office de sœur que vous m'avez rendu.
Mais cet illustre amant vous a bien-tost quittée.

CLEOPATRE.

Sur quelque broüillerie en la ville excitée,
Il a voulu luy-mesme appaiser les debats,
Qu'avec nos Citoyens ont eu quelques soldats;
Et moy, j'ay bien voulu moy-mesme vous redire,
Que vous ne craigniez rien pour vous, ny vostre
 Empire,
Et que le grand Cesar blâme vostre action

Avec moins de couroux, que de compassion.
Il vous plaint d'écouter ces lâches Politiques,
Qui n'inspirẽt aux Rois que des mœurs tyrãniques;
Ainsi que la naissance ils ont les esprits bas;
En vain on les éleve à regir des Estats,
Un cœur né pour servir sçait mal comme on commande,
Sa puissance l'accable alors qu'elle est trop grande,
Et sa main que le crime en vain fait redouter
Laisse choir le fardeau qu'elle ne peut porter.

PTOLOMEE.

Vous dites vray, ma sœur, & ces effets sinistres
Me font bien voir ma faute au choix de mes Ministres.
Si j'avois écouté de plus nobles conseils
Je vivrois dans la gloire où vivent mes pareils,
Je meriterois mieux cette amitié si pure
Que pour un frere ingrat vous donne la Nature,
Cesar embrasseroit Pompée en ce Palais,
Nostre Egypte à la Terre auroit rendu la paix,
Et verroit son Monarque encor à juste tiltre,
Amy de tous les deux, & peut-estre l'arbitre,
Mais puisque le passé ne peut se revoquer
Touvez bon qu'avec vous mon cœur s'ose expliquer.
Je vous ay maltraitée, & vous estes si bonne
Que vous me conservez la vie, & la Couronne;
Vainquez-vous tout à fait, & par un digne effort
Arrachez Achillas & Photin à la mort.
Elle leur est bien deuë, ils vous ont offencée;
Mais ma gloire en leur perte est trop interessée:
Si Cesar les punit des crimes de leur Roy,
Toute l'ignominie en rejallit sur moy,
Il me punit en eux, leur supplice est ma peine.
Forcez en ma faveur une trop juste haine,
Dequoy peut satisfaire un cœur si genereux
Le sang abjet & vil de ces deux malheureux;

Que

Que je vous doive tout, Cesar cherche à vous plaire,
Et vous pouvez d'un mot desarmer sa colere.

CLEOPATRE.

Si j'avois en mes mains leur vie, & leur trépas,
Je les méprise assez pour ne m'en vanger pas,
Mais sur le grand Cesar je puis fort peu de chose,
Quand le sang de Pompée à mes desirs s'oppose,
Je ne me vante pas de pouvoir le fléchir,
J'en ay desja parlé, mais il a sçeu gauchir,
Et tournant le discours sur une autre matiere,
Il n'a ny refusé, ny souffert ma priere.
Je veux bien toutefois encor m'y hazarder,
Mes efforts redoublez pourront mieux succeder,
Et j'ose croire...

PTOLOMEE.

Il vient, souffrez que je l'évite,
Je crains que ma presence à vos yeux ne l'irrite,
Que son couroux esmeu ne s'aigrisse à me voir,
Et vous agirez seule avec plus de pouvoir.

SCENE III.

CESAR, CLEOPATRE, ANTOINE, LEPIDE, CHARMION, ACHOREE, Romains.

CESAR.

Reine, tout est paisible, & la ville calmée
Qu'un trouble assez leger avoit trop alarmée,
N'a plus à redouter le divoice intestin
Du soldat insolent, & du peuple mutin.
Mais, ô Dieux! ce moment que je vous ay quittée
D'un trouble bien plus grand a mon ame agitée,
Et ces soins importuns qui m'arrachoient de vous
Contre ma grandeur mesme allumoient mon couroux.

Je luy voulois du mal de m'estre si contraire,
De rendre ma presence ailleurs si necessaire;
Mais je luy pardonnois au simple souvenir
Du bonheur qu'à ma flame elle fait obtenir.
C'est elle dont je tiens cette haute esperance
Qui flate mes desirs d'une illustre apparence,
Et fait croire à Cesar qu'il peut former des vœux,
Qu'il n'est pas tout-à-fait indigne de vos feux,
Et qu'il peut en pretendre une juste conqueste
N'ayant plus que les Dieux au dessus de sa teste.
Oüy, Reine, si quelqu'un dans ce vaste Univers
Pouvoit porter plus haut la gloire de vos fers;
S'il estoit quelque Trône où vous pûssiez paroistre
Plus dignement assise en captivant sont maistre;
J'irois, j'irois à luy, moins pour le luy ravir,
Que pour luy disputer le droit de vous servir,
Et je n'aspirerois au bon-heur de vous plaire,
Qu'apres avoir mis bas un si grand adversaire.
  C'estoit pour acquerir un droit si precieux
Que combatoit par tout mon bras ambitieux,
Et dans Pharsale mesme il à tiré l'épée
Plus pour le conserver, que pour vaincre Pompée.
Je l'ay vaincu. Princesse, & le Dieu des combats
M'y favorisoit moins que vos divins appas,
Ils conduisoient ma main, ils enfloient mon courage,
Cette pleine victoire est leur dernier ouvrage,
C'est l'effet des ardeurs qu'ils daignoiēt m'inspirer,
Et vos beaux yeux enfin m'ayant fait soûpirer,
Pour faire que vostre ame avec gloire y réponde,
M'ont rendu le premier, & de Rome, & du Monde.
C'est ce glorieux tiltre à present effectif
Que je viens ennoblir par celuy de captif,
Heureux, si mon esprit gagne tant sur le vostre,
Qu'il en estime l'un. & me permette l'autre.

CLEOPATRE.

Je sçay ce que je dois au souverain bonheur
Dont me comble & m'accable un tel excez d'honneur,

Je

Je ne vous tiendray plus mes passions secrettes,
Je sçay ce que je suis, je sçay ce que vous estes;
Vous daignastes m'aimer dés mes plus jeunes ans,
Le sceptre que je porte est un de vos presens,
Vous m'avez par deux fois rendu le Diadéme;
J'avouë apres cela, Seigneur, que je vous aime,
Et que mon cœur n'est point à l'épreuve des traits
Ny de tant de vertus, ny de tant de bien-faits.
Mais, helas! ce haut rang, cette illustre naissance,
Cet Estat de nouveau rangé sous ma puissance,
Ce sceptre par vos mains dans les miennes remis,
A mes vœux innocens sont autant d'ennemis.
Ils allument contr'eux une implacable haine,
Ils me font méprisable alors qu'ils me font Reine,
Et si Rome est encor telle qu'auparavant,
Le trône où je me sieds m'abaisse en m'élevant,
Et ces marques d'honneur, comme titres infames,
Me rendent à jamais indigne de vos flâmes.
J'ose encor toutefois, voyant vostre pouvoir,
Permettre à mes desirs un genereux espoir.
Aprés tant de combats, je sçay qu'un si grand hom-
A droit de triompher des caprices de Rome, (me
Et que l'injuste horreur qu'elle eut toûjours des
Rois
Peut ceder par vostre ordre à de plus justes loix.
Je sçay que vous pouvez forcer d'autres obstacles,
Vous me l'avez promis, & j'attens ces miracles,
Vostre bras dãs Pharsale a fait de plus grãds coups,
Et je ne les demande à d'autres Dieux qu'à vous.

CESAR.

Tout miracle est facile où mon amour s'applique,
Je n'ay plus qu'à courir les costes de l'Afrique,
Qu'à montrer mes drapeaux au reste épouvanté
Du party malheureux qui m'a persecuté.
Rome n'ayant plus lors d'ennemis à me faire
Par impuissance enfin prendra soin de me plaire,
Et vos yeux la verront par un superbe accueil
Immoler à vos pieds sa haine, & son orgueil.

Encor une défaite, & dans Alexandrie
Je veux que cette ingrate en ma faveur vous prie,
Et qu'un juste respect conduisant ses regards
A vostre chaste amour demande des Cesars.
C'est l'unique bonheur où mes desirs pretendent,
C'est le fruit que j'attens des lauriers qui m'attendent,
Heureux, si mon destin encor un peu plus doux
Me les faisoit cueillir sans m'éloigner de vous.
Mais, las! contre mon feu mon feu me sollicite,
Si je veux estre à vous, il faut que je vous quitte,
En quelques lieux qu'on fuye, il me faut y courir,
Pour achever de vaincre, & de vous conquerir.
Permettez cependant qu'à ces douces amorces
Je prenne un nouveau cœur, & de nouvelles forces,
Pour faire dire encor aux peuples pleins d'effroy,
Que venir, voir, & vaincre, est mesme chose en moy.

CLEOPATRE.

C'est trop, c'est trop, Seigneur, souffrez que j'en abuse,
Vostre amour fait ma faute, il fera mon excuse.
Vous me rendez le sceptre, & peut-estre le jour:
Mais si j'ose abuser de cet excez d'amour,
Je vous conjure encor par ses plus puissans charmes,
Par ce juste bonheur qui suit toûjours vos armes,
Par tout ce que j'espere, & que vous attendez,
De n'ensanglanter pas ce que vous me rendez.
Faites grace, Seigneur, ou souffrez que j'en fasse
Et montre à tous par là que j'ay repris ma place.
Achillas & photin sont gens à dédaigner,
Ils sont assez punis en me voyant regner,
Et leur crime...

CESAR.

Ah! prenez d'autres marques de Reine.
Dessus mes volontez vous estes souveraine,
Mais si mes sentimens peuvent estre écoutez,
Choisissez des sujets dignes de vos bontez,
Ne vous donnez sur moy qu'un pouvoir legitime,

Et

Et ne me rendez point complice de leur crime.
C'est beaucoup que pour vous j'ose épargner le
Roy.
Et si mes feux n'estoient...

SCENE IV.

CESAR, CORNELIE, CLEOPATRE, ACHOREE, ANTOINE, LEPIDE, CHARMION, Romains.

CORNELIE.

CEsar, prens garde à toy,
Ta mort est resoluë, on la jure, on l'apreste,
A celle de Pompée on veut joindre ta teste,
Prens-y garde, Cesar, ou ton sang répandu
Bien-tost parmy le sien se verra confondu.
Mes esclaves en sont, apprens de leurs indices
L'autheur de l'attentat, & l'ordre, & les complices,
Je te les abandonne.

CESAR.

O cœur vraiment Romain,
Et digne du Heros qui vous donna la main!
Ses Manes qui du Ciel ont veu de quel courage
Je preparois la mienne à vanger son outrage,
Mettant leur haine bas me sauvent aujourd'huy
Par la moitié qu'en Terre il nous laisse de luy.
Il vit, il vit encor en l'objet de sa flame,
Il parle par sa bouche, il agit dans son ame,
Il la pousse, & l'oppose à cette indignité,
Pour me vaincre par elle en generosité.

CORNELIE.

Tu te flates, Cesar, de mettre en ta croyance
Que la haine ait fait place à la reconnoissance;
Ne le presume plus, le sang de mon époux
A rompu pour jamais tout commerce entre nous.

J'attens la liberté qu'icy tu m'as offerte,
Afin de l'employer toute entiere à ta perte,
Et je te chercheray par tout des ennemis,
Si tu m'oses tenir ce que tu m'as promis.
Mais avec cette soif que j'ay de ta ruine,
Je me jette au devant du coup qui t'assassine,
Et forme des desirs avec trop de raison,
Pour en aimer l'effet par une trahison.
Qui la sçait, & la souffre, a part à l'infamie,
Si je veux ton trépas, c'est en juste ennemie;
Mon époux a des fils, il aura des neveux,
Quand ils te combatront, c'est là que je le veux.
Et qu'une digne main par moy-mesme animée,
Dãs ton champ de bataille aux yeux de ton Armée,
T'immole noblement & par un digne effort
Aux Manes du Heros dont tu vanges la mort.
Tous mes soins, tous mes vœux hâtent cette vangeance,
Ta perte la recule, & ton salut l'avance;
Quelque espoir qui d'ailleurs me l'ose, ou puisse offrir,
Ma juste impatience auroit trop à souffrir.
La vangeance eloignée est à demy perduë,
Et quãd il faut l'attendre, elle est trop cher vanduë.
Je n'iray point chercher sur les bords Afriquains
Le foudre souhaité que je vois en tes mains,
La teste qu'il menace en doit estre frapée;
J'ay pû donner la tienne au lieu d'elle à Pompée,
Ma haine avoit le choix, mais cette haine enfin
Separe son vainqueur d'avec son assassin,
Et ne croit avoir droit de punir ta victoire,
Qu'aprés le châtiment d'une action si noire.
Rome le veut ainsi, son adorable front
Auroit dequoy rougir d'un trop honteux affront,
De voir en mesme jour aprés tant de conquestes
Sous un indigne fer ses deux plus nobles testes.
Son grãd cœur qu'à tes loix en vain tu crois soûmis
En veut aux criminels plus qu'à ses ennemis,
Et

Et tiendroit à malheur le bien de se voir libre,
Si l'attentat du Nil affranchissoit le Tybre.
Comme autre qu'un Romain n'a pû l'assujettir,
Autre aussi qu'un Romain ne l'en doit garantir.
Tu tomberois icy sans estre sa victime,
Au lieu d'un châtiment ta mort seroit un crime,
Et sans que tes pareils en conceussent d'effroy,
L'exemple que tu dois periroit avec toy.
Vange-la de l'Egypte à son appuy fatale,
Et je la vangeray, si je puis, de Pharsale.
Va, ne perds point de temps; il presse. Adieu, tu peux
Te vanter qu'une fois j'ay fait pour toy des vœux.

SCENE V.

CESAR, CLEOPATRE, ANTOINE, LEPIDE, ACHOREE, CHARMION, Romains.

CESAR.

SOn courage m'étonne autant que leur audace,
Reine, voyez pour qui vous me demandiez grace.

CLEOPATRE.

Je n'ay rien à vous dire, allez, Seigneur, allez
Vanger sur ces méchans tant de droits violez.
On m'en veut plus qu'à vous, c'est ma mort qu'ils respirent,
C'est contre mon pouvoir que les traistres conspirent,
Leur rage pour l'abatre attaque mon soûtien,
Et par vostre trépas cherche un passage au mien.
Mais parmy ces transports d'une juste colere
Je ne puis oublier que leur Chef est mon frere,
Le sçaurez-vous, Seigneur, & pourray-je obtenir
Que ce cœur irrité daigne s'en souvenir?

CESAR.

Oüy, je me souviendray que ce cœur magnanime
Au bonheur de son sang veut perdonner son crime.

Adieu, ne craignez rien, Achillas, & Photin
Ne sont par gens à vaincre un si puissant Destin.
Pour les mettre en déroute, eux & tous leurs complices,
Je n'ay qu'à déployer l'appareil des supplices,
Et pour soldats choisis envoyer des bourreaux,
Qui portent hautement mes haches pour drapeaux.

Cesar rentre avec les Romains

CLEOPATRE.

Ne quittez pas Cesar, allez, cher Achorée,
Repousser avec luy ma mort qu'on a jurée,
Et quand il punira nos lâches ennemis,
Faites-le souvenir de ce qu'il m'a promis,
Ayez l'œil sur le Roy dans la chaleur des armes,
Et conservez son sang pour épargner mes larmes.

ACHOREE.

Madame, asseurez-vous qu'il ne peut y perir
Si mon zele & mes soins peuvent le secourir.

Fin du quatriesme Acte.

ACTE

ACTE V.

SCENE PREMIERE.

CORNELIE *tenant une petite vrne en sa main*, PHILIPPE.

CORNELIE.

Mes yeux, puis-je vous croire, & n'est-ce point un songe
Qui sur mes tristes vœux a formé ce mensonge ?
Te revoy-je, Philippe, & cet espoux si cher
A-t'il receu de toy les honneurs du bucher ?
Cette Urne que je tiens contient-elle sa cendre ?
O vous, à ma douleur objet terrible, & tendre,
Eternel entretien de haine, & de pitié,
Reste du grand Pompée, écoutez sa moitié.
N'attendez point de moy de regrets, ny de larmes,
Un grand cœur à ses maux applique d'autres charmes,
Les foibles deplaisirs s'amusent à parler,
Et quiconque se plaint cherche à se consoler.
Moy, je jure des Dieux la puissance suprême,
Et pour dire encor plus, je jure par vous-mesme,
Car vous pouvez bien plus sur ce cœur affligé
Que le respect des Dieux qui l'ont mal protegé:
Je jure donc par vous, ô pitoyable reste,
Ma Divinité seule apres ce coup funeste,
Par vous, qui seul icy pouvez me soulager,
De n'esteindre jamais l'ardeur de la vanger.
Ptolomée à Cesar par un lâche artifice,
Rome, de ton Pompée a fait un sacrifice,
Et je n'entreray point dans tes murs desolez,
Que le prestre & le Dieu ne luy soient immolez.
Faites-m'en souvenir, & soûtenez ma haine,
O cendres, mon espoir aussi-bien que ma peine,
Et pour m'aider un jour à perdre son vainqueur,
Versez dans tous les cœurs ce que ressent mõ cœur,

Toy qui l'as honoré sur cette infame rive
D'une flame pieuse autant comme chetive,
Dy moy, quel bon Demon a mis en ton pouvoir
De rendre à ce Heros ce funebre devoir.

PHILIPPE.

Tout couvert de son sang, & plus mort que luy-(mesme,
Apres avoir cent fois maudit le Diadême,
Madame, j'ay porté mes pas & mes sanglots
Du costé que le vent poussoit encor les flots.
Je cours long-temps en vain, mais enfin d'une roche
J'en découvre le tronc vers un sable assez proche,
Où la vague en couroux sembloit prendre plaisir
A feindre de le rendre & puis s'en ressaisir.
Je m'y jette, & l'embrasse, & le pousse au rivage,
Et ramassant sous luy le débris d'un naufrage
Je luy dresse un bucher à la haste & sans art,
Tel que je pûs sur l'heure, & qu'il plût au hazard.
A peine brûloit-il, que le Ciel plus propice
M'envoye un compagnon en ce pieux office,
Cordus, un vieux Romain qui demeure en ces lieux,
Retournant de la ville y détourne les yeux,
Et n'y voyant qu'un tronc dont la teste est coupée,
A cette triste marque il reconnoit Pompée.
Soudain la larme à l'œil, *ô toy, qui que tu sois,*
A qui le Ciel permet de si dignes emplois,
Ton sort est bien, dit-il, *autre que tu ne penses,*
Tu crains des châtimens, attens des recompenses,
Cesar est en Egypte, & vange hautement
Celuy pour qui ton zele a tant de sentiment.
Tu peux faire esclater les soins qu'on t'en voit prendre,
Tu peux mesme à sa veuve en reporter la cendre,
Son vainqueur l'a receuë avec tout le respect
Qu'un Dieu pourroit icy trouver à son aspect.
Acheve, je reviens Il part & m'abandonne,
Et rapporte aussi-tost ce vase qu'il me donne,
Où sa main & la mienne enfin ont renfermé
Ces restes d'un Heros par le feu consumé.

COR-

CORNELIE.

O que ſa pieté merite de loüanges !

PHILIPPE.

En entrant j'ay trouvé des deſordres étranges,
J'ay veu fuir tout un Peuple en foule vers le port,
Où le Roy, diſoit-on, s'eſtoit fait le plus fort:
Les Romains pourſuivoient, & Ceſar dans la Place
Ruiſſelante du ſang de cette populace,
Montroit de ſa juſtice un exemple aſſez beau,
Laiſſant paſſer Photin par les mains d'un bourreau.
Auſſi-toſt qu'il me voit, il daigne me connoiſtre,
Et prenant de ma main les cendres de mon maiſtre,
Reſtes d'un Demydieu, dont à peine je puis
Eſgaler le grand nom, tout vainqueur que j'en ſuis,
De vos traiſtres, dit-il, *voyez punir les crimes,*
Attendant des Autels recevez ces victimes,
Bien d'autres vont les ſuivre, & toy, cours au Palais
Porter à ſa moitié ce don que je luy fais,
Porte à ſes déplaiſirs cette foible allegeance,
Et dy luy que je cours achever ſa vangeance.
Ce grand hõme à ces mots me quitte en ſoûpirant,
Et baiſe avec reſpect ce vaſe qu'il me rend.

CORNELIE.

O ſoûpirs ! ô reſpect ! ô qu'il eſt doux de plaindre
Le ſort d'un ennemy, quand il n'eſt plus à craindre!
Qu'avec chaleur, Philippe, on court à le vanger,
Quand on s'y voit forcé par ſon propre danger,
Et que cet intereſt qu'on prend pour ſa memoire
Fait noſtre ſeureté, comme il croiſt noſtre gloire !
Ceſar eſt genereux, j'en veux eſtre d'accord,
Mais le Roy le veut perdre & ſon rival eſt mort.
Sa vertu laiſſe lieu de douter à l'Envie
De ce qu'elle feroit s'il le voyoit en vie;
Pour grand qu'en ſoit le prix, ſon peril en rabat,
Cette ombre qui la couvre en affoiblit l'éclat,
L'amour meſme s'y meſle, & le force à combatre,
Quand il vange Pompée il defend Cleopatre.

Tant d'interests sont joints à ceux de mon époux,
Que je ne devrois rien à ce qu'il fait pour nous,
Si comme par soy-mesme un grand cœur juge un autre,
Je n'aimois mieux juger sa vertu par la nostre,
Et croire que nous seuls armons ce combatant,
Parce qu'au point qu'il est j'en voudrois faire autāt.

SCENE II.

CLEOPATRE, CORNELIE, PHILIPPE, CHARMION.

CLEOPATRE.

JE ne viens pas icy pour troubler une plainte,
Trop juste à la douleur dont vous estes atteinte,
Je viens pour rendre hommage aux cendres d'un Heros
Qu'un fidelle Affranchy vient d'arracher aux flots,
Pour le plaindre avec vous, & vous jurer, Madame,
Que j'aurois conservé ce maistre de vostre ame,
Si le Ciel qui vous traite avec trop de rigueur
M'en eust donné la force, aussi-bien que le cœur.
Si pourtant à l'aspect de ce qu'il vous renvoye
Vos douleurs laissoient place à quelque peu de joye,
Si la vangeance avoit dequoy vous soulager,
Je vous dirois aussi qu'on vient de vous vanger,
Que le traistre Photin... vous le sçavez, peut-estre?

CORNELIE.

Oüy, Princesse, je sçay qu'on a puny ce traistre.

CLEOPATRE.

Vn si prompt châtiment vous doit estre bien doux.

CORNELIE.

S'il a quelque douceur, elle n'est que pour vous.

CLEOPATRE.

Tous les cœurs trouvent doux le succez qu'ils esperent,

COR-

CORNELIE.

Comme nos interests nos sentimens different.
Si Cesar à sa mort joint celle d'Achillas,
Vous estes satisfaite, & je ne la suis pas.
Aux Manes de Pompée il faut une autre offrande,
La victime est trop basse, & l'injure est trop grande,
Et ce n'est pas un sang que pour la reparer
Son Ombre & ma douleur daignent considerer.
L'ardeur de la vanger dans mon ame allumée
En attendant Cesar demande Ptolomée.
Tout indigne qu'il est de vivre, & de regner,
Je sçay bien que Cesar se force à l'épargner;
Mais quoy que son amour ait osé vous promettre,
Le Ciel plus juste enfin n'osera le permettre,
Et s'il peut une fois écouter tous mes vœux,
Par la main l'un de l'autre ils periront tous deux.
Mon ame à ce bonheur, si le Ciel me l'envoye,
Oublîra ses douleurs pour s'ouvrir à la joye,
Mais si ce grand souhait demande trop pour moy,
Si vous n'en perdez qu'un, ô Ciel, perdez le Roy.

CLEOPATRE

Le Ciel sur nos souhaits ne regle pas les choses.

CORNELIE.

Le Ciel regle souvent les effets sur les causes,
Et rend aux criminels ce qu'ils ont merité.

CLEOPATRE.

Comme de la justice, il a de la bonté.

CORNELIE.

Oüy, mais il fait juger, à voir comme il commence,
Que sa justice agit, & non-pas sa clemence.

CLEOPATRE.

Souvent de la justice il passe à la douceur.

CORNELIE.

Reine, je parle en veuve, & vous parlez en sœur,
Chacune a son sujet d'aigreur, ou de tendresse,
Qui dans le sort du Roy justement l'interesse.

Apprenons par le sang qu'on aura répandu,
A quels souhaits le Ciel a le mieux répondu,
Voicy vostre Achorée.

SCENE III.

CORNELIE, CLEOPATRE, ACHOREE, PHILIPPE, CHARMION.

CLEOPATRE.

Helas! sur son visage
Rien ne s'offre à mes yeux que de mauvais presage.
Ne nous déguisez rien, parlez sans me flater,
Qu'ay-je à craindre, Achorée, ou qu'ay-je à regretter.

ACHOREE.

Aussi-tost que Cesar eust sçeu la perfidie....

CLEOPATRE.

Ah! ce n'est pas ses soins que je veux qu'on me die,
Je sçay qu'il fit trancher & clorre ce conduit
Par où ce grand secours devoit estre introduit,
Qu'il manda tous les siens pour s'asseurer la Place,
Où Photin a receu le prix de son audace,
Que d'un si prompt supplice Achillas étonné
S'est aisément saisi du port abandonné,
Que le Roy l'a suivy, qu'Antoine a mis à terre
Ce que dans ses vaisseaux restoit de gens de guerre,
Que Cesar l'a rejoint, & je ne doute pas
Qu'il n'ait sçeu vaincre encor, & punir Achillas.

ACHOREE.

Oüy, Madame, on a veu son bonheur ordinaire....

CLEOPATRE.

Dites-moy seulement s'il a sauvé mon frere,
S'il m'a tenu promesse.

ACHOREE.

Oüy, de tout son pouvoir.

CLEOPATRE.

C'est là l'unique point que je voulois sçavoir.

Ma-

Madame, vous voyez, les Dieux m'ont écoutée.

CORNELIE.

Ils n'ont que differé la peine meritée.

CLEOPATRE.

Vous la vouliez sur l'heure, ils l'en ont garanty,

ACHOREE.

Il faudroit qu'à nos vœux il eust mieux consenty.

CLEOPATRE.

Que disiez-vous n'aguere, & que viens-je d'entendre?
Accordez ces discours que j'ay peine à comprendre.

ACHOREE.

Aucuns ordres, ny soins n'ont pû le secourir,
Malgré Cesar, & nous il a voulu perir;
Mais il est mort, Madame, avec toutes les marques
Que puissent laisser d'eux les plus dignes Monarques,
Sa vertu rappellée a soûtenu son rang,
Et sa perte aux Romains a cousté bien du sang.
Il combatoit Antoine avec tant de courage,
Qu'il emportoit desja sur luy quelque avantage,
Mais l'abord de Cesar a changé le Destin:
Aussi-tost Achillas suit le sort de Photin,
Il meurt, mais d'une mort trop belle pour un traistre,
Les armes à la main en defendant son maistre.
Le vainqueur crie en vain qu'on épargne le Roy,
Ces mots au lieu d'espoir luy donnent de l'effroy;
Son esprit alarmé les croit un artifice
Pour reserver sa teste à l'affront d'un supplice.
Il pousse dans nos rangs, il les perce, & fait voir
Ce que peut la vertu qu'arme le desespoir,
Et son cœur emporté par l'erreur qui l'abuse
Cherche par tout la mort que chacun luy refuse.
Enfin perdant haleine apres ces grands efforts,
Prés d'estre environné, ses meilleurs soldats morts,
Il voit quelques fuyards sauter dans une barque,
Il s'y jette, & les siens qui suivent leur Monarque.

D'un si grand nombre en foule accablent ce vaisseau,
Que la Mer l'engloutit avec tout son fardeau.
C'est ainsi que sa mort luy rend toute sa gloire,
A vous toute l'Egypte, à Cesar la victoire,
Il vous proclame Reine, & bien qu'aucun Romain
Du sang que vous pleurez n'ait veu rougir sa main,
Il nous fait voir à tous un déplaisir extréme,
Il soûpire, il gémit: mais le voicy luy-mesme,
Qui pourra mieux que moy vous montrer la douleur
Que luy donne du Roy l'invincible malheur.

SCENE IV.

CESAR, CORNELIE, CLEOPATRE, ANTOINE, LEPIDE, ACHOREE, CHARMION, PHILIPPE.

CORNELIE.

CEsar, tien-moy parole, & me rends mes galeres,
Achillas & Photin ont receu leurs salaires,
Leur Roy n'a pû joüir de ton cœur adoucy,
Et Pompée est vangé ce qu'il peut l'estre icy.
Je n'y sçaurois plus voir qu'un funeste rivage
Qui de leur attentat m'offre l'horrible image,
Ta nouvelle victoire, & le bruit éclatant
Qu'aux changemens de Roy pousse un Peuple inconstant,
Et parmy ces objets ce qui le plus m'afflige,
C'est d'y revoir toûjours l'ennemy qui m'oblige.
Laisse-moy m'affranchir de cette indignité,
Et souffre que ma haine agisse en liberté.
A cet empressement j'ajoûte une requeste,
Voy l'Urne de Pompée, il y manque sa teste,
Ne me la retiens plus, c'est l'unique faveur
Dont je te puis encor prier avec honneur.

CE-

CESAR.

Il est juste, & Cesar est tout prest de vous rendre
Ce reste où vous avez tant de droit de pretendre :
Mais il est juste aussi qu'apres tant de sanglots
A ses Manes errans nous rendions le repos ;
Qu'un bucher allumé par ma main, & la vostre
Le vange pleinement de la honte de l'autre,
Que son Ombre s'appaise en voyant nostre ennuy,
Et qu'une Urne plus digne, & de vous, & de luy,
A prés la flame éteinte & les pompes finies,
Renferme avec éclat ses cendres reünies.
De cette mesme main dont il fut combatu
Il verra des Autels dressez à sa vertu,
Il recevra des vœux, de l'encens, des victimes,
Sans recevoir par là d'honneurs que legitimes.
Pour ces justes devoirs je ne veux que demain,
Neme refusez pas ce bonheur souverain,
Faites un peu de force à vostre impatience,
Vous estes libre aprés, partez en diligence,
Portez à nostre Rome un si digne tresor,
Portez....

CORNELIE.

Non-pas, Cesar, non-pas à Rome encor.
Il faut que ta défaite, & que tes funerailles
A cette cendre aimée en ouvre les murailles,
Et quoy qu'elle la tienne aussi chere que moy,
Elle n'y doit rentrer qu'en triomphant de toy.
Je la porte en Afrique, & c'est là que j'espere
Que les fils de Pompée, & Caton, & mon pere,
Secondez par l'effort d'un Roy plus genereux,
Ainsi que la Justice auront le sort pour eux.
C'est là que tu verras sur la Terre & sur l'Onde
Le débris de Pharsale armer un autre Monde,
Et c'est là que j'iray, pour haster tes malheurs,
Porter de rang en rang ces cendres & mes pleurs.
Je veux que de ma haine ils reçoivent des regles,
Qu'ils suivent au combat des Urnes au lieu d'Aigles,

Et que ce triste objet porte en leur souvenir
Les soins de la vanger, & ceux de te punir.
Tu veux à ce Heros rendre un devoir supréme,
L'honneur que tu luy rends rejallit sur toy-mesme ?
Tu m'en veux pour témoin, j'obeïs au vainqueur,
Mais ne presume pas toucher par là mon cœur.
La perte que j'ay faite est trop irreparable,
La source de ma haine est trop inépuisable,
A l'égal de mes jours je la feray durer,
Je veux vivre avec elle, avec elle expirer.
Je t'avoûray pourtãt, comme vraiment Romaine,
Que pour toy mon estime est égale à ma haine,
Que l'une & l'autre est juste, & montre le pouvoir
L'une de ta vertu, l'autre de mon devoir :
Que l'une est genereuse, & l'autre interessée,
Et que dans mon esprit l'une & l'autre est forcée:
Tu vois que ta vertu qu'en vain on veut trahir
Me force de priser ce que je dois haïr,
Juge ainsi de la haine où mon devoir me lie,
La veuve de Pompée y force Cornelie.
J'iray, n'en doute point, au sortir de ces lieux
Soûlever contre toy les hommes, & les Dieux,
Ces Dieux qui t'õt flaté, ces Dieux qui m'õt trõpée,
Ces Dieux qui dãs Pharsale ont mal servy Põpée,
Qui la foudre à la main l'ont pû voir égorger,
Ils connoistront leur faute, & le voudront vanger.
Mon zele à leur refus aidé de sa memoire
Te sçaura bien sans eux arracher la victoire.
Et quand tout mon effort se trouvera rompu
Cleopatre fera ce que je n'auray pû.
Je sçay quelle est ta flame, & quelles sont ses for-(ces,
Que tu n'ignores pas comme ont fait les divorces,
Que ton amour t'aveugle, & que pour l'épouser
Rome n'a point de loix que tu n'oses briser :
Mais sçache aussi qu'alors la jeunesse Romaine
Se croira tout permis sur l'époux d'une Reine,
Et que de cet Hymen tes amis indignez
Vangeront sur ton sang leurs avis dédaignez.

J'em-

J'empesche ta ruine empeschant tes caresses.
Adieu, j'attens demain l'effet de tes promesses.

SCENE V.

CESAR, CLEOPATRE, ANTOINE, LEPIDE, ACHOREE, CHARMION.

CLEOPATRE,

PLûtost qu'à ces perils je vous puisse exposer,
Seigneur perdez en moy ce qui les peut causer,
Sacrifiez ma vie au bonheur de la vostre,
Le miẽ sera trop grãd, & je n'en veux point d'autre,
Indigne que je suis d'un Cesar pour époux,
Que de vivre en vostre ame estant morte pour vous.

CESAR.

Reine, ces vains projets sont le seul avantage
Qu'un grand cœur impuissant a du Ciel en partage:
Comme il a peu de force, il a beaucoup de soins,
Et s'il pouvoit plus faire, il souhaiteroit moins.
Les Dieux empescheront l'effet de ces augures,
Et mes felicitez n'en seront pas moins pures,
Pourveu que vostre amour gagne sur vos douleurs
Qu'en faveur de Cesar vous tarissiez vos pleurs,
Et que vostre bonté sensible à ma priere,
Pour un fidelle amant oublie un mauvais frere.
On aura pû vous dire avec quel déplaisir
J'ay veu le desespoir qu'il a voulu choisir,
Avec combien d'efforts j'ay voulu le défendre
Des paniques terreurs qui l'avoient pû surprendre;
Il s'est de mes bontez jusqu'au bout defendu,
Et depeur de se perdre, il s'est enfin perdu.
O honte pour Cesar, qu'avec tant de puissance,
Tant de soins pour vous rendre entiere obeïssance;
Il n'ait pû toutefois en ces évenemens
Obeïr au premier de vos commandemens!
Prenez-vous-en au Ciel, dont les ordres sublimes
Malgré tous nos efforts sçavent punir les crimes;

Sa

Sa rigueur envers luy vous ouvre un sort plus doux,
Puisque par cette mort l'Egypte est toute à vous.

CLEOPATRE.

Je sçay que j'en reçois un nouveau Diadéme,
Qu'on n'en peut accuser que les Dieux, & luy-mesme;
Mais comme il est, Seigneur, de la fatalité,
Que l'aigreur soit meslée à la felicité,
Ne vous offencez pas si cet heur de vos armes,
Qui me rend tant de biens, me couste un peu de larmes,
Et si voyant sa mort deuë à sa trahison,
Je donne à la Nature, ainsi qu'à la raison.
Je n'ouvre point les yeux sur ma grãdeur si proche,
Qu'aussi-tost à mon cœur mon sang ne le reproche,
J'en ressens dans mon ame un murmure secret,
Et ne puis remonter au trône sans régret.

ACHOREE.

Un grand peuple, Seigneur, dont cette cour est pleine
Par des cris redoublez demande à voir sa Reine,
Et tout impatient desja se plaint aux Cieux
Qu'on luy donne trop tard un bien si precieux.

CESAR.

Ne luy refusons plus le bonheur qu'il desire,
Princesse, allons par là commencer vostre Empire.
Fasse le juste Ciel, propice à mes desirs,
Que ces longs cris de joye étouffent vos soûpirs,
Et puissent ne laisser dedans vostre pensée
Que l'image des traits dont mon ame est blessée.
Cependant, qu'à l'envy ma suite & vostre Cour
Preparent pour demain la Pompe d'un beau jour,
Où dans un digne employ l'une & l'autre occupée,
Couronne Cleopatre, & m'appaise Pompée,
Esleve à l'une un Trône, à l'autre des Autels,
Et jure à tous les deux des respects immortels.

FIN.

www.ingramcontent.com/pod-product-compliance
Lightning Source LLC
LaVergne TN
LVHW010000230826
846092LV00002B/573
9782329692371